L'art à portée de la main

Éveiller l'intérêt des élèves

Vous aiderez les élèves à comprendre et à apprécier les artistes et l'art dans toutes ses formes en leur présentant, chaque mois, divers artistes. Affichez des exemples de leurs œuvres et invitez les élèves à les étudier, puis à en imiter le style. De plus, encouragez les élèves à visiter des musées d'art en ligne ou à se rendre dans des galeries d'art près de chez eux.

Portfolio de travaux artistiques

Remettez à chaque élève un grand album à dessin dans lequel elle ou il explorera diverses techniques artistiques, dessinera, placera des exemples de ses œuvres d'art préférées et mettra en question ses idées au sujet de l'art. Encouragez les élèves à ajouter des éléments à leur portfolio au moins une fois par semaine.

Pages à colorier

Les élèves se serviront de ces pages pour s'exercer à utiliser divers éléments clés des arts visuels.

Grilles d'évaluation

Servez-vous des grilles fournies dans ce livre pour évaluer l'apprentissage des élèves.

Cahier d'apprentissage

Les élèves devraient aussi avoir un cahier d'apprentissage qui leur permettra d'organiser leurs réflexions et leurs idées au sujet des concepts d'art présentés. Le cahier d'apprentissage peut contenir :

- des conseils de l'enseignante ou enseignant
- des réflexions de l'élève
- des questions soulevées
- des liens découverts
- des schémas avec étiquettes

Glossaire des arts plastiques

Notez, sur une feuille grand format, les nouveaux mots appris et leurs définitions. Les élèves pourront s'y reporter au cours des activités.

Table des matières

Conseils d'enseignement

Organisation des centres d'art

- Gardez les fournitures devant servir à des activités artistiques individuelles dans des bacs distincts afin que les élèves y aient facilement accès. Assurez-vous que chaque bac contient une quantité suffisante des diverses fournitures pour chaque élève, ainsi qu'un exemple de l'œuvre à produire.

- Présentez et expliquez aux élèves les attentes correspondant à chaque centre d'art. Modelez les étapes à suivre pour réaliser chaque activité.

- Mettez à la disposition des élèves des centres d'art à explorer librement :

  - **centre de sculpture** : les élèves peuvent y expérimenter divers types de pâte à modeler

  - **centre d'impression** : les élèves peuvent s'y exercer à produire différents frottis et impressions au moyen de divers matériaux

  - **centre de technique mixte** : les élèves peuvent choisir et planifier leurs propres œuvres, qu'ils produiront au moyen de matériaux trouvés

  - **centre de peinture** : les élèves peuvent y expérimenter divers types de peinture structurée pour produire un dessin

  - **centre de dessin par observation** : les élèves peuvent s'y exercer à faire des croquis de divers objets et arrangements

  - **centre de construction** : les élèves peuvent y créer des structures au moyen de cubes de construction et de matériaux tels que des bouchons de liège et autres, des tubes, etc.

  - **centre de fabrication de poupées de papier** : les élèves peuvent y créer leurs propres poupées de papier aux traits et vêtements différents; fournitures à y placer : ciseaux, modèle de poupées de papier (p. 36), divers types de papier, laine, yeux en plastique, peinture, papier de soie, papier d'emballage, feutre et matériel de coloriage

  - **centre de laçage** : les élèves peuvent y perforer des modèles fournis et insérer diverses couleurs de laine dans les trous

Règles à suivre

Expliquez clairement vos attentes quant au comportement et aux responsabilités des élèves dans les centres, et indiquez-leur le nombre d'élèves permis dans chaque centre. Les élèves doivent aider à remettre les centres en ordre et savoir où ranger les fournitures. Agitez une clochette ou faites jouer de la musique pour indiquer qu'il est temps de passer à un autre centre ou de remettre un centre en ordre.

Autres conseils

- Expliquez aux élèves l'importance des activités artistiques et encouragez-les à y consacrer le temps nécessaire.

- Allouez-leur suffisamment de temps pour terminer leurs œuvres.

- Affichez leurs œuvres et félicitez-les publiquement.

- Encouragez-les à expérimenter et explorer diverses techniques.

- Demandez aux parents ou tuteurs de vous fournir de vieilles chemises que les élèves pourront porter en travaillant à leurs œuvres.

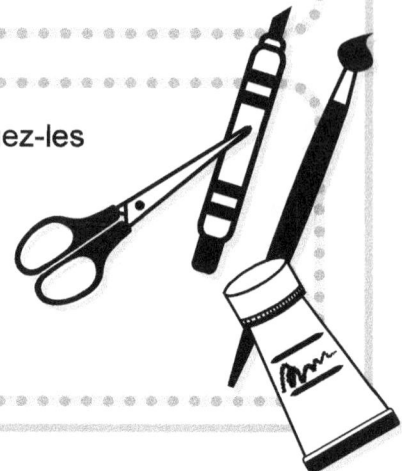

2

Conseils d'enseignement

Colorier

- Montrez aux élèves qu'en appliquant plus ou moins de pression sur une craie de cire ou un crayon de couleur, on obtient une couleur plus ou moins foncée. Expliquez-leur qu'ils peuvent faire ressortir un objet ou une partie de leur dessin en y appliquant une couleur plus foncée.
- Modelez pour les élèves des façons de colorier sans dépasser les lignes. Ils peuvent y arriver en traçant d'abord le contour de la partie à colorier, puis en coloriant toujours dans la même direction, le tout en prenant bien leur temps.
- Encouragez les élèves à utiliser du noir ou une autre couleur sombre pour tracer le contour des formes et objets, qui seront alors plus faciles à voir d'une certaine distance.

Peindre

- Modelez la façon de tremper le pinceau dans la peinture de façon à ne pas trop prendre de peinture.
- Expliquez aux élèves (par modelage) qu'ils doivent prendre leur temps en peignant afin d'appliquer la peinture là où ils le désirent, et de pouvoir varier le type de touche et son étendue.
- Rappelez aux élèves qu'ils doivent nettoyer leurs pinceaux quand ils passent à une autre couleur.

Coller

- Modelez la façon d'appliquer de petites quantités de colle sur les contours de façon à éviter que la colle déborde.
- Modelez la façon d'appuyer sur les parties où on a appliqué de la colle afin qu'elles restent bien collées.
- Modelez les différentes façons d'appliquer de la colle, que ce soit avec les doigts, des cure-dents, des bâtonnets de bois ou un flacon souple.

Découper

- Surveillez toujours attentivement les élèves quand ils utilisent des ciseaux.
- Modelez la façon appropriée de tenir les ciseaux. Montrez aussi aux élèves comment passer des ciseaux à une autre personne si on veut éviter les blessures.
- Pendant les activités de découpage, encouragez les élèves à tenir les ciseaux avec le pouce sur le dessus plutôt que vers le plancher.
- Modelez la façon de faire tourner une feuille de papier afin de faciliter le découpage.

Déchirer

- Montrez aux élèves que déchirer du papier est parfois une action ayant un but particulier et pour laquelle ils doivent prendre leur temps.

Idées folles pour le coloriage

Les élèves peuvent développer leur motricité fine en utilisant diverses techniques lorsqu'ils colorient de simples formes géométriques ou des parties d'un dessin.

Invitez les élèves à colorier :

- sur diverses surfaces, comme du papier sablé, afin d'obtenir des textures plus intéressantes;
- en changeant, de temps à autre, la pression exercée sur leurs crayons ou craies de cire;
- en n'utilisant que des couleurs primaires;
- en n'utilisant que des couleurs secondaires;
- en n'utilisant que des nuances de gris;
- en n'utilisant que des couleurs chaudes;
- en n'utilisant que des couleurs froides;
- en utilisant différentes teintes d'une même couleur;
- en se servant de crayons gras ou de pastels à l'huile, puis en fixant les couleurs sur la page au moyen de fixatif à cheveux.

Invitez les élèves à remplir de grandes formes géométriques ou des parties d'une page à colorier en se servant de diverses techniques :

- aquarelles;
- gouache;
- différents types de lignes (verticales, horizontales, onduleuses, etc.);
- différentes peintures structurées;
- pâte à modeler de différentes couleurs;
- petits morceaux de papier de bricolage;
- carrés de papier de soie;
- graines;
- peinture aux doigts;
- technique mixte;
- bouts de laine de couleurs différentes;
- points faits avec des cotons-tiges ou des crayons-feutres.

Je trace et je découpe

Trace d'abord les lignes, puis découpe la feuille en suivant les lignes.

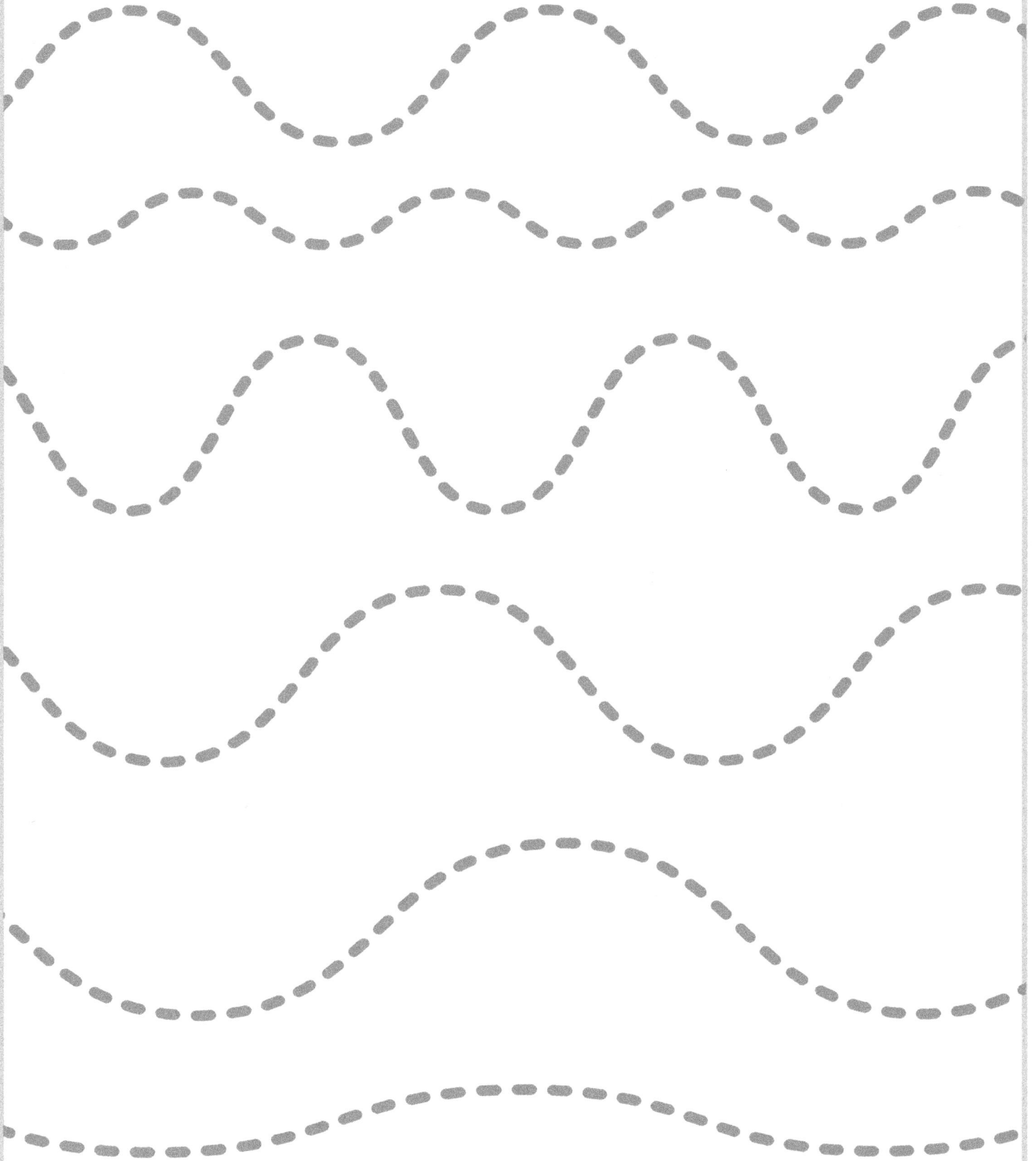

Je trace et je découpe

Trace d'abord les lignes, puis découpe la feuille en suivant les lignes.

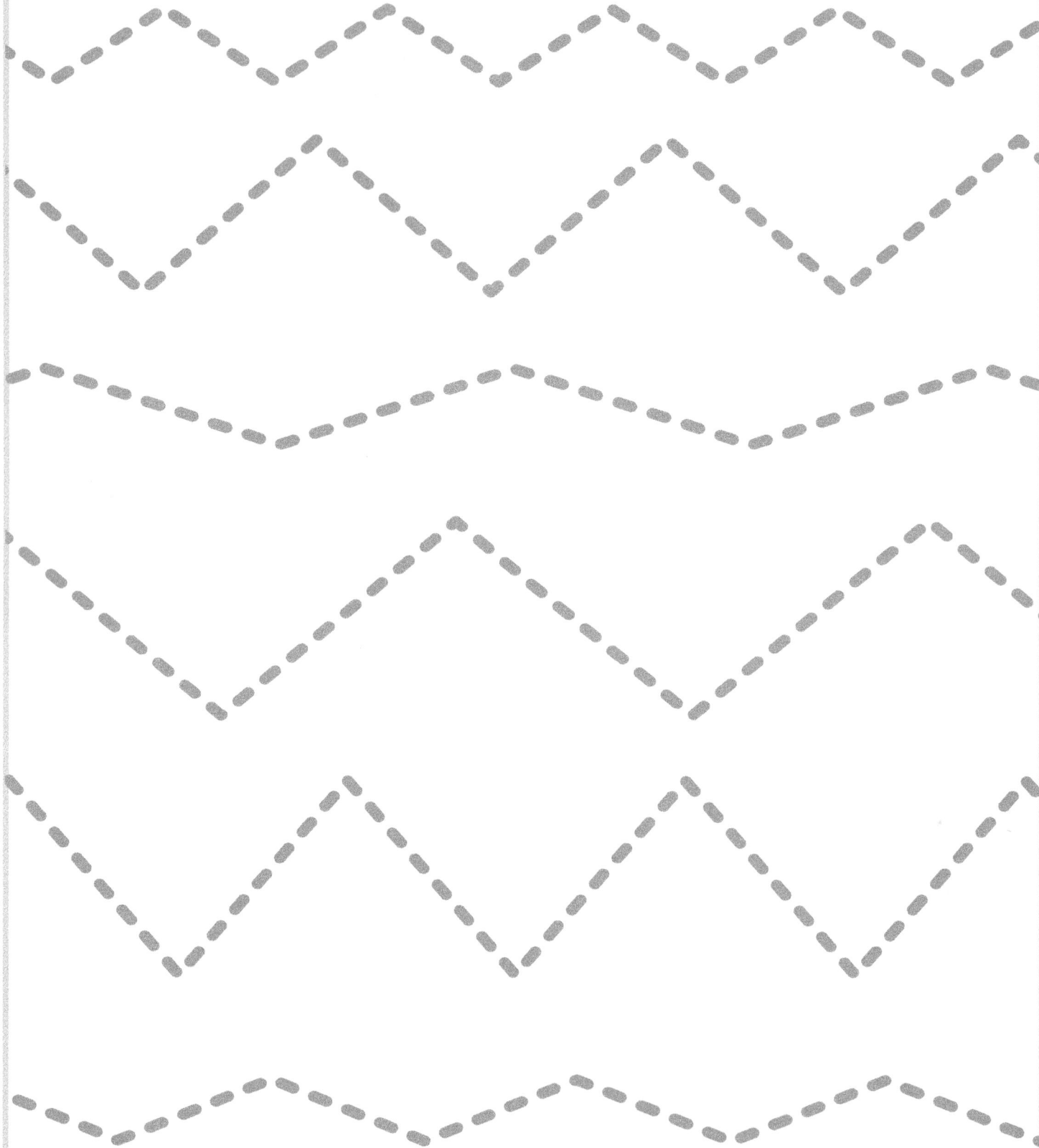

Éléments clés des arts visuels : La couleur

1re activité : Les couleurs primaires et secondaires

Ce dont vous avez besoin :

- gouache dans les couleurs primaires
- assiettes de styromousse pour la peinture
- papier blanc
- laine blanche

Marche à suivre :

1. Les élèves trempent un bout de laine dans la peinture rouge, puis le font glisser sur le papier blanc.
2. Ils font la même chose avec la peinture jaune. Là où les lignes jaunes recoupent les lignes rouges, les élèves remarqueront la couleur orange. Discutez avec eux de ce qu'ils voient. Passez en revue les termes *couleurs primaires* et *couleurs secondaires.*
3. Puis les élèves font la même chose avec la peinture bleue. Invitez-les à nommer les couleurs qu'ils obtiennent lorsque les lignes se recoupent.

2e activité : Une journée couleur

Désignez une journée donnée par une couleur, par exemple « la journée rouge ». Encouragez les élèves à porter des vêtements de la couleur correspondant à la journée, et à apporter à l'école des images ou des objets de cette couleur. Puis demandez aux élèves de remarquer et de classifier les diverses nuances de la couleur. Vous pouvez aussi créer, en groupe-classe, un collage d'images, de tapisserie, de papier d'emballage, de bouts de laine, etc., de cette même couleur.

3e activité : Peinture aux doigts d'une seule couleur

Ce dont vous avez besoin :

- peinture aux doigts de différentes teintes d'une même couleur
- papier blanc
- assiettes de styromousse

Marche à suivre :

1. En préparant la peinture pour cette activité, montrez aux élèves comment on peut créer différentes teintes d'une même couleur en ajoutant soit du blanc, soit du noir.
2. Les élèves pourront ensuite explorer les teintes en créant une peinture aux doigts.

Le cercle des couleurs

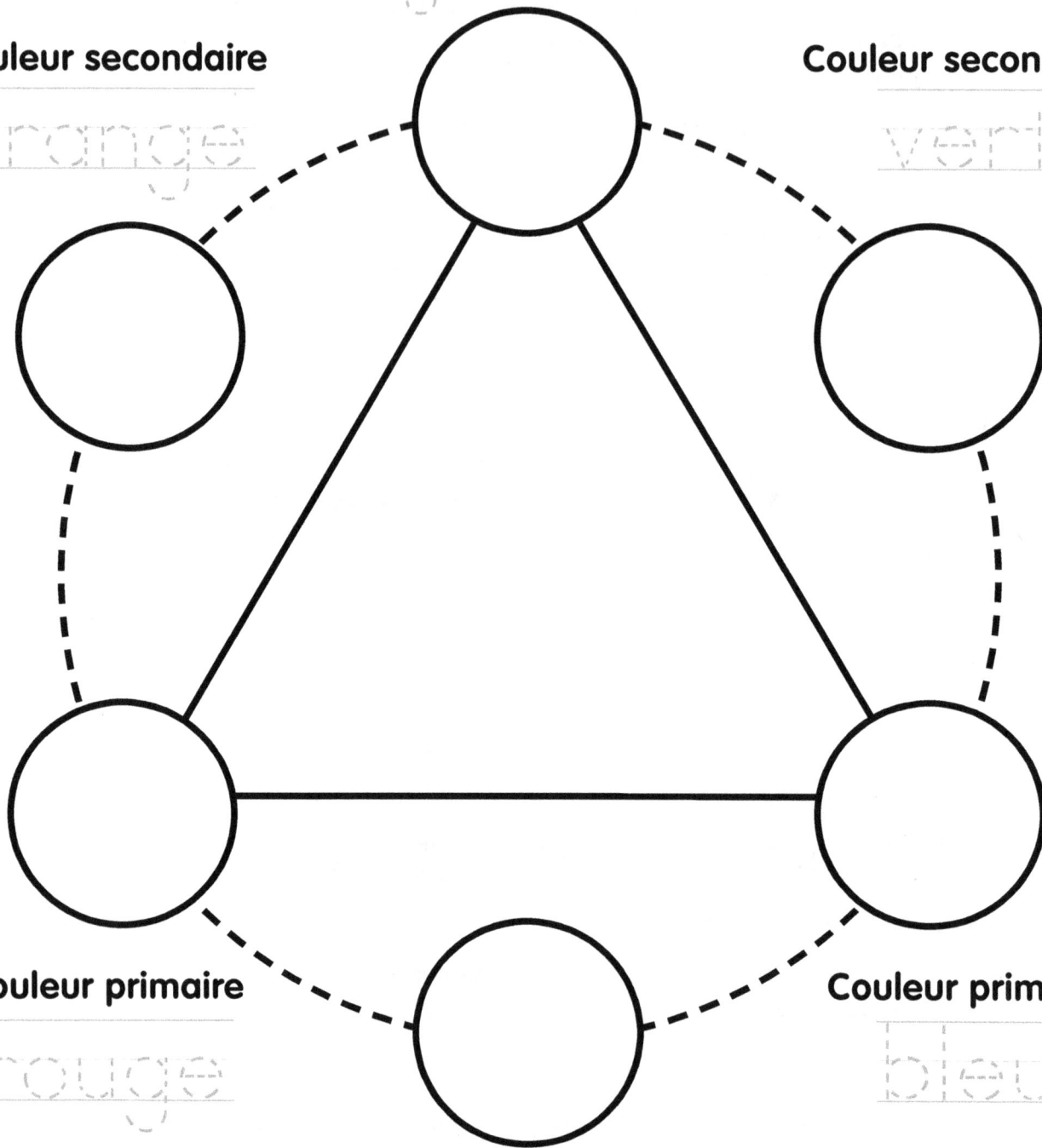

Couleur primaire

jaune

Couleur secondaire

orange

Couleur secondaire

vert

Couleur primaire

rouge

Couleur primaire

bleu

Couleur secondaire

violet

Mélanges de couleurs

COULEURS PRIMAIRES

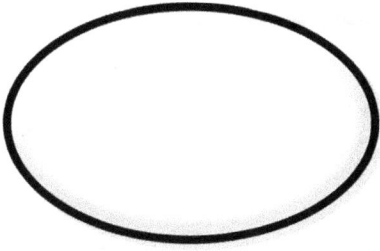 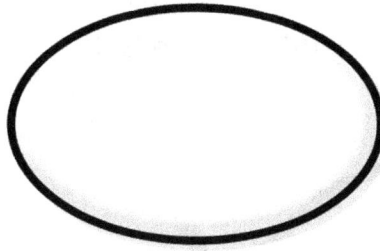 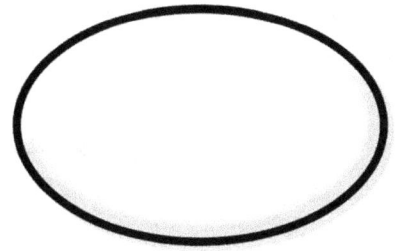

jaune   rouge   bleu

COULEURS SECONDAIRES

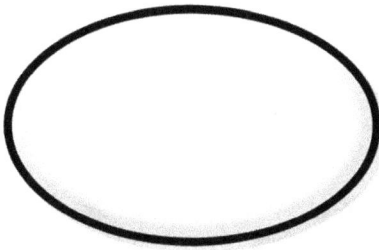 + 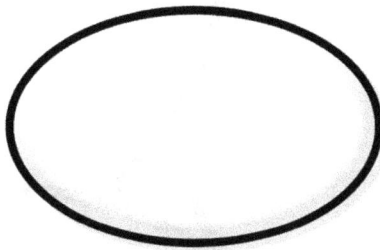 =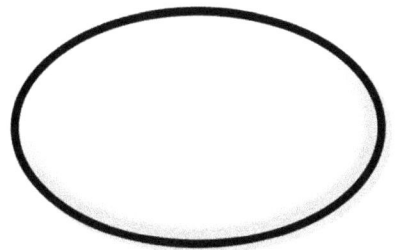

jaune   rouge   orange

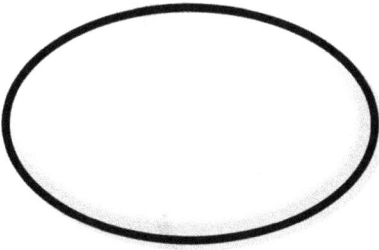 + 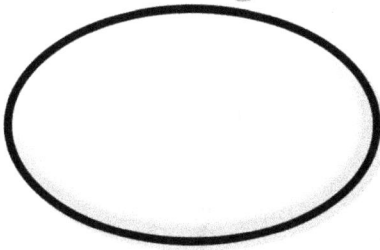 =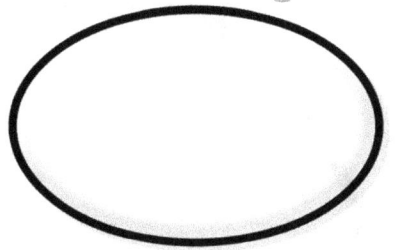

rouge   bleu   violet

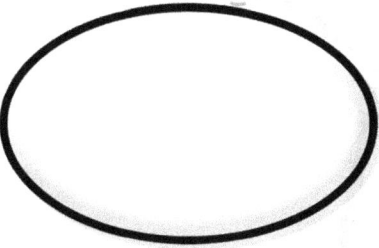 + 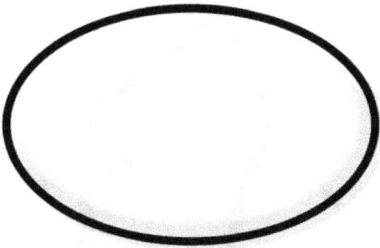 =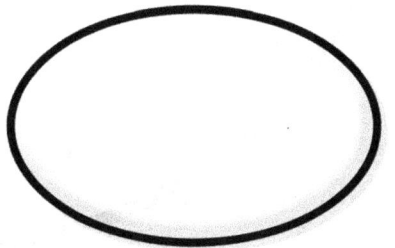

jaune   bleu   vert

Colorie les ballons en te servant des couleurs primaires. Les couleurs primaires sont le ROUGE, le JAUNE et le BLEU.

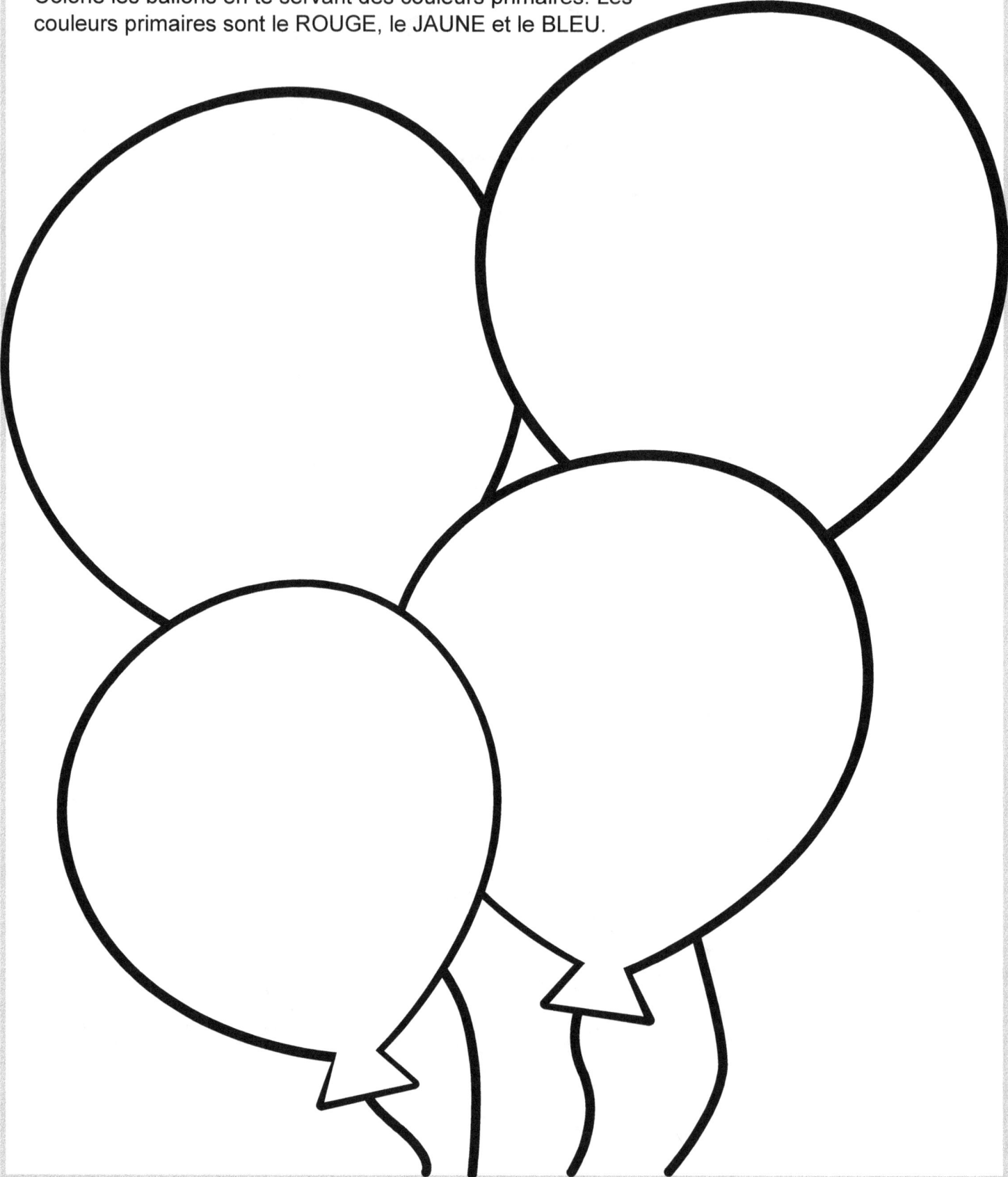

Un collage de couleurs primaires

Trouve dans un magazine des images où tu peux voir des couleurs primaires.
Découpe les images, puis colle-les ci-dessous.

Colorie la chenille en te servant des couleurs secondaires.
Les couleurs secondaires sont le VERT, le VIOLET et l'ORANGE.

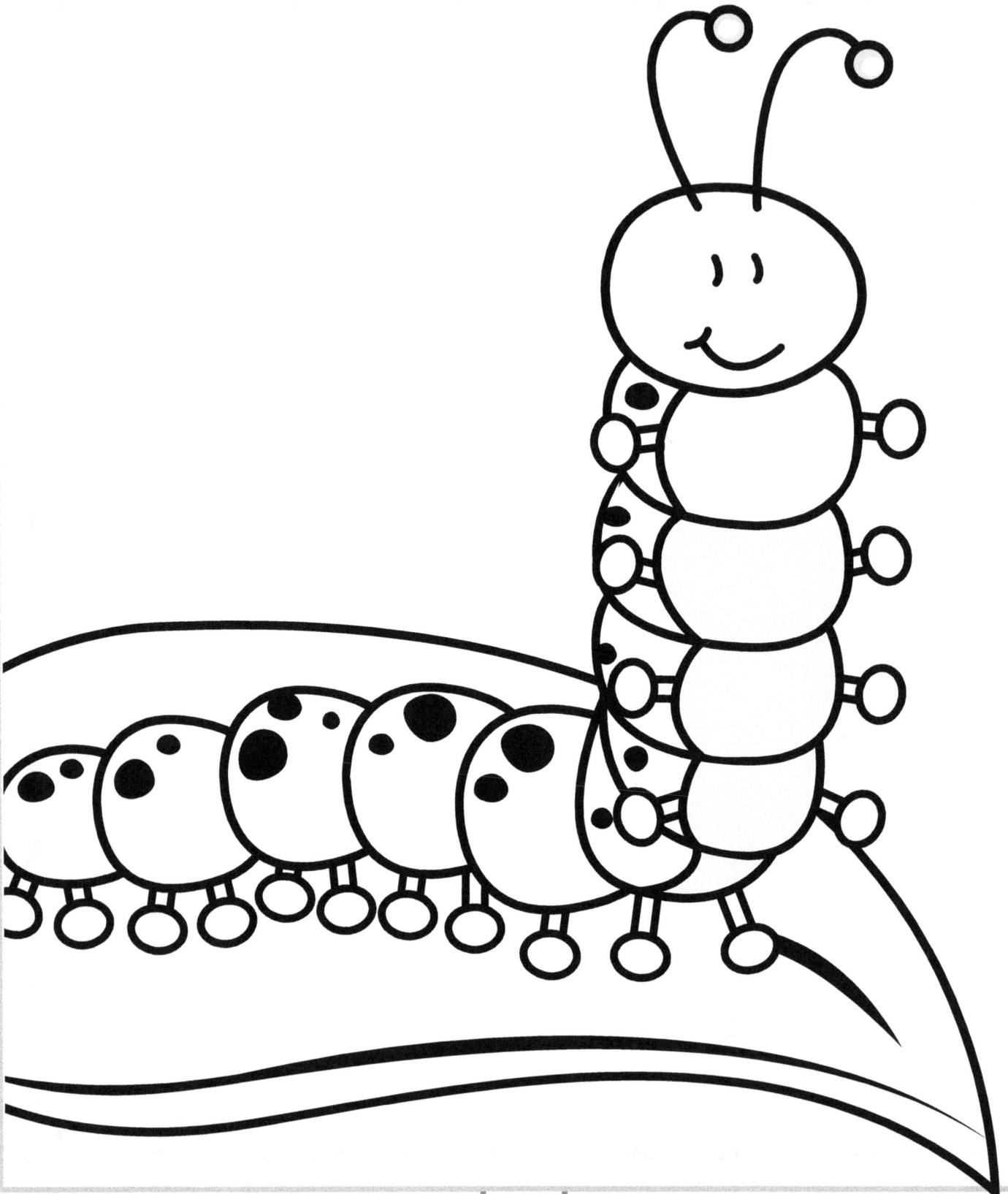

Un collage de couleurs secondaires

Trouve dans un magazine des images où tu peux voir des couleurs secondaires.
Découpe les images, puis colle-les ci-dessous.

brun

bleu

vert

noir

rouge

orange

violet

jaune

rose

Les couleurs de l'arc-en-ciel

Colorie l'arc-en-ciel.

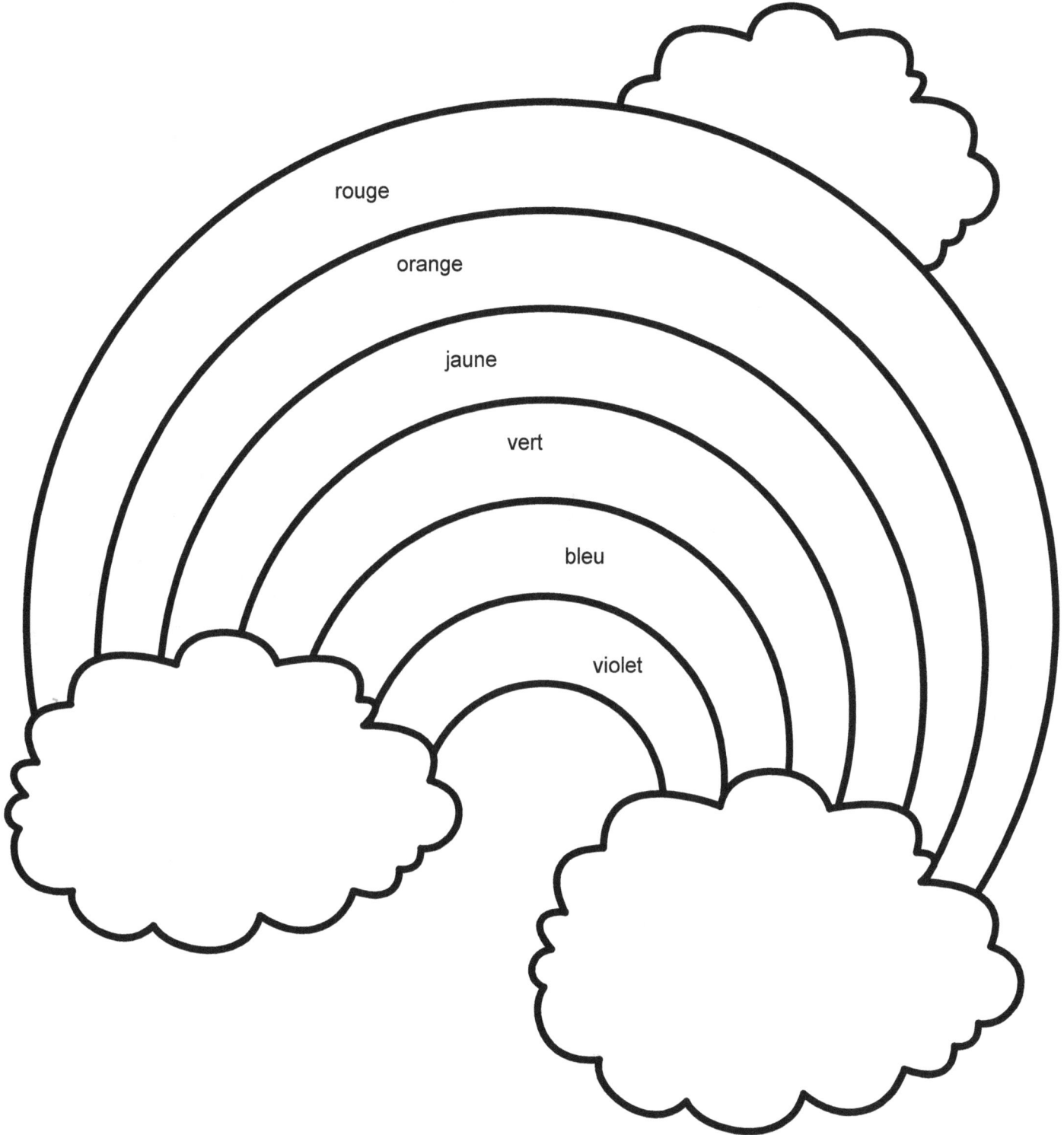

rouge

orange

jaune

vert

bleu

violet

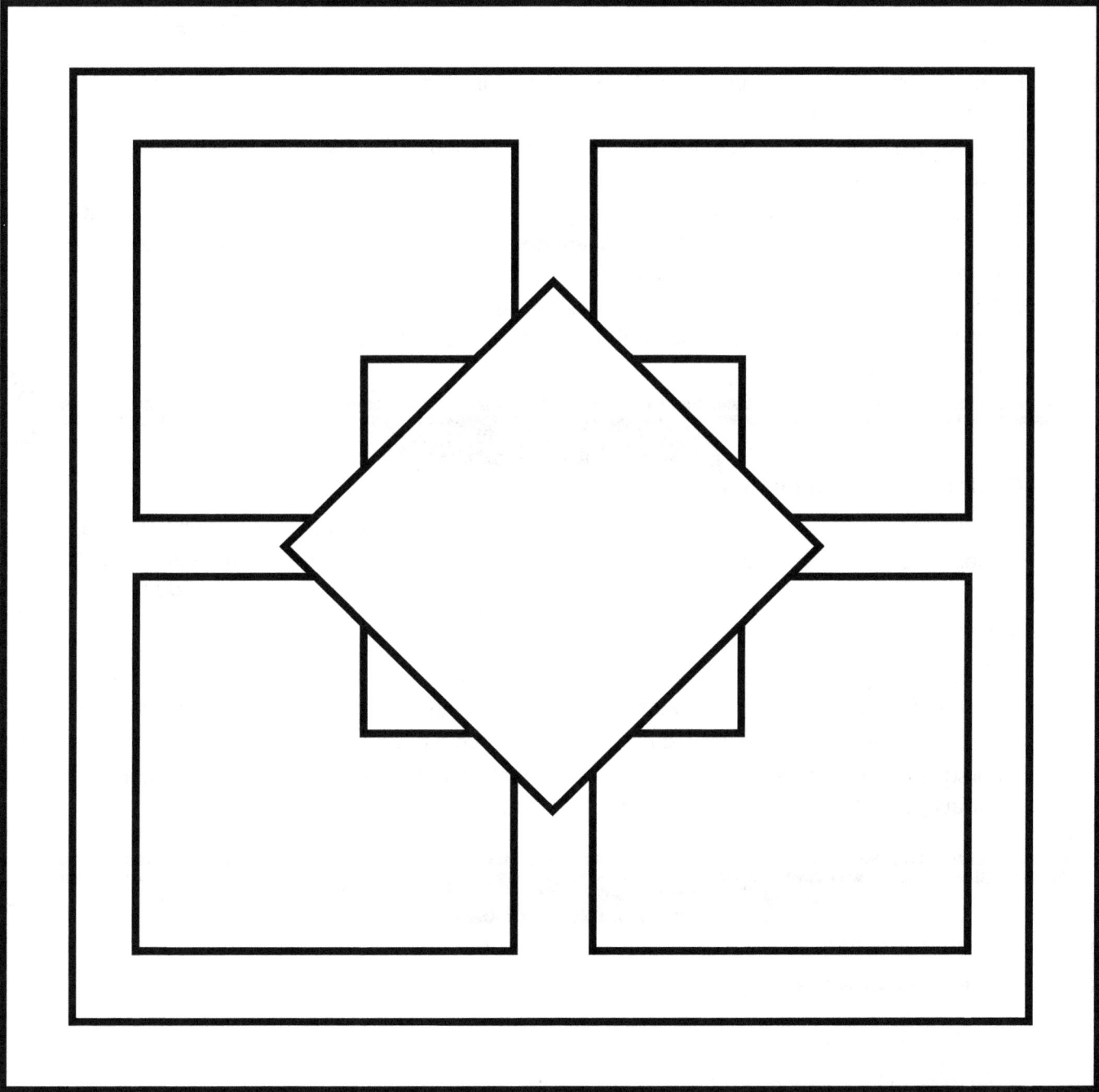

Éléments clés des arts visuels : La ligne

1re activité : Rythme et ligne

Ce dont vous avez besoin :

- craies de cire
- pastels
- différents genres de musique
- papier
- crayons gras
- crayons de couleur

Marche à suivre :

1. Choisissez une œuvre musicale et faites-la jouer. Invitez les élèves à en suivre le rythme avec un doigt en l'air.
2. Demandez-leur ensuite de suivre le rythme en traçant une ligne sur une feuille de papier avec le matériel de coloriage de leur choix.
3. Encouragez les élèves à tracer d'autres lignes au-dessous et au-dessus de la première en suivant le tracé de celle-ci, mais en utilisant des couleurs et des types de lignes différents (p. ex. épaisse, onduleuse, brisée, etc.).
4. Refaites cette activité avec d'autres œuvres musicales. Discutez en groupe-classe des raisons pour lesquelles les élèves ont produit différents types de lignes et choisi des couleurs particulières.

2e activité : Sgraffite

Ce dont vous avez besoin :

- papier lisse
- craies de cire
- gouache épaisse
- pinceaux
- objets avec lesquels gratter une surface, comme des cure-dents, des bâtonnets de bois, des peignes, des pièces de monnaie et des ustensiles de plastique

Marche à suivre :

1. Demandez aux élèves de dessiner, avec des craies de cire, de larges bandes de couleur sur une feuille de papier lisse. Dites-leur de bien appuyer sur leurs craies en dessinant.
2. Une fois la page couverte, invitez les élèves à la recouvrir de gouache noire.
3. Lorsque la peinture sera sèche, demandez aux élèves de faire des dessins en grattant la surface avec les divers objets. On appelle cette technique "sgraffite".

3e activité : Dessin en boucles

Ce dont vous avez besoin :

- papier
- craies de cire

Marche à suivre :

1. Modelez la façon de faire un dessin en boucles sur une feuille de papier.
2. Ensuite, montrez aux élèves comment remplir les formes de couleurs différentes en n'exerçant qu'une légère pression sur les craies.
3. Puis montrez-leur comment remplir des parties de chaque forme en traçant différents types de lignes avec une craie de cire noire.

18

Tout plein de lignes

Remplis chaque encadré avec le type de ligne indiqué. Sers-toi de crayons, de crayons-feutres ou de craies de cire de différentes couleurs. Ensuite, découpe les encadrés, puis dispose-les à ta façon sur une autre feuille de papier.

Lignes minces —————————————————

Lignes épaisses ▬▬▬▬▬▬▬▬▬▬▬

Lignes brisées —— —— —— —— —— ——

Lignes onduleuses ～～～～～

Lignes courbes ∿∿∿∿∿∿∿

Tout plein de lignes

Remplis chaque encadré avec le type de ligne indiqué. Sers-toi de crayons, de crayons-feutres ou de craies de cire de différentes couleurs. Ensuite, découpe les encadrés, puis dispose-les à ta façon sur une autre feuille de papier.

Lignes pointillées • • • • • • • • • • • • • • •

Lignes en zigzag /\/\/\/\/\/\

Lignes horizontales ≡≡≡≡≡

Lignes verticales | | | | | | | | | | | |

Lignes diagonales //////////

Dessine l'autre moitié de l'image. Ensuite, colorie l'image.

Crée un motif intéressant pour ton t-shirt, puis colorie le t-shirt.

Éléments clés des arts visuels : La forme

1re activité : Une ville dans la classe

Ce dont vous avez besoin :

- boîtes de céréales, boîtes à lait, rouleaux de carton
- papier de bricolage
- matériel de coloriage
- papier de soie de couleur
- ciseaux
- ruban adhésif et colle
- mélange de gouache et de détergent liquide

Marche à suivre :

1. Faites un remue-méninges en groupe-classe pour dresser une liste des bâtiments et espaces verts dans votre quartier.
2. Servez-vous de différentes boîtes pour la charpente des divers bâtiments.
3. Décorez ceux-ci avec du papier de bricolage, du papier d'aluminium, de la peinture, etc.
4. Disposez les bâtiments sur une grande table ou sur le plancher.
5. Montrez aux élèves comment placer des bandes de papier de bricolage entre les bâtiments en guise de rues, puis utilisez divers matériaux pour fabriquer des arbres, des poteaux téléphoniques, etc.

2e activité : Sculpture en papier

Ce dont vous avez besoin :

- papier cartonné ou papier de bricolage épais
- ciseaux

Marche à suivre :

1. Montrez aux élèves comment découper le papier cartonné ou le papier de bricolage pour créer diverses formes de toutes les couleurs.
2. Ensuite, montrez-leur comment faire quatre coupures dans les côtés de chaque forme.
3. Puis montrez-leur comment joindre les formes les unes aux autres au moyen des coupures pour créer leur sculpture.

3e activité : Collage en cube de mes choses préférées

Ce dont vous avez besoin :

- cube à reproduire (p. 39)
- magazines
- ciseaux et colle

Marche à suivre :

1. Montrez aux élèves comment découper et former le cube, puis aidez-les à le faire.
2. Demandez-leur de découper, dans des magazines, des images de leurs choses préférées, qu'ils colleront ensuite sur leurs cubes. Chaque côté du cube pourrait avoir un thème tel que mes animaux préférés, mes aliments préférés, ma couleur préférée, mes endroits préférés, etc. Les élèves pourraient faire des dessins de leurs choses préférées plutôt que de coller des images.

Éléments clés des arts visuels : La forme

4e activité : Dessin avec des formes

Ce dont vous avez besoin :

• papier de bricolage noir   • ciseaux   • formes   • colle   • matériel de coloriage

Marche à suivre :

1. Invitez les élèves à planifier et à composer une image en tenant compte des formes qu'ils auront choisies.

2. Suggestions de dessins : animaux, bâtiments, paysage, inventions, personnes.

3. Les élèves composent ensuite leur dessin en collant les diverses formes sur du papier de bricolage noir.

4. Encouragez les élèves à créer des palettes de couleurs particulières et mettez à leur disposition divers outils de coloriage.

5. Ils peuvent disposer les formes de façon qu'elles se chevauchent. Montrez-leur aussi à quoi peuvent servir diverses formes :

cœur - pattes, écailles, ailes, nez d'animaux

cercle - roues, tête, soleil, yeux, nez

rectangle - bâtiments, jambes, corps, robot

ovale - torse, parties du corps, yeux, queue

triangle - bec, nageoire, écailles, oreilles, toit

5e activité : Collage de formes

Ce dont vous avez besoin :

• papier   • pinceaux   • marqueurs noirs
• aquarelles   • règles   • crayons

Marche à suivre :

1. Dites aux élèves de faire un dessin composé des contours de formes géométriques qui se chevauchent. Encouragez-les à dessiner diverses formes géométriques.

2. Demandez-leur ensuite de peindre les formes en n'utilisant, par exemple, que des couleurs chaudes, des couleurs froides, des teintes d'une même couleur, etc.

3. Après qu'ils auront terminé, discutez avec eux des techniques qu'ils ont utilisées dans leurs œuvres.

Des sculptures amusantes

Donnez des occasions aux élèves de sculpter et de peindre diverses formes. Mettez à leur disposition des emporte-pièces, des rouleaux, des couteaux et des cuillères de plastique et des bâtonnets de bois, ainsi que du matériel de coloriage et de peinture. Montrez-leur comment aplatir, pincer et modeler la pâte de façon à créer diverses formes. Vous pouvez aussi leur fournir des yeux de plastique, des boutons et des cure-pipes à ajouter à leurs sculptures. Gardez la pâte à modeler dans des contenants hermétiques.

Pâte autodurcissante

- 1½ tasse d'eau
- 1½ tasse de sel
- 4 tasses de farine
- 1 c. à thé d'alun

1. Mélanger les ingrédients secs dans un bol.
2. Ajouter l'eau petit à petit.
3. Pétrissez la pâte jusqu'à ce qu'elle soit malléable.

Pâte pour sculptures de sable

- 4 tasses de sable propre (ne provenant pas d'une plage)
- 2 tasses de fécule de maïs
- 2 tasses d'eau

1. Mélangez d'abord tous les ingrédients dans une casserole.
2. Faites chauffer à feu moyen en remuant jusqu'à ce que le mélange épaississe.
3. Laissez la pâte refroidir avant de la modeler.

Pâte à modeler parfumée

- 3 tasses de farine
- ½ tasse de sel
- 2 sachets de mélange pour boissons fruitées
- 2 tasses d'eau bouillante

1. Mélangez les ingrédients secs dans un bol.
2. Ajoutez l'eau bouillante et mélangez.
3. Pétrissez la pâte sur une surface que vous aurez saupoudrée de farine.

Comment dessiner un mouton

1ʳᵉ étape

2ᵉ étape

3ᵉ étape

4ᵉ étape

5ᵉ étape

Comment dessiner un robot

1re étape

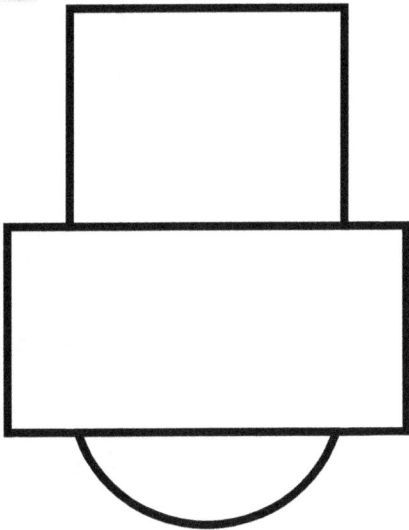

2e étape

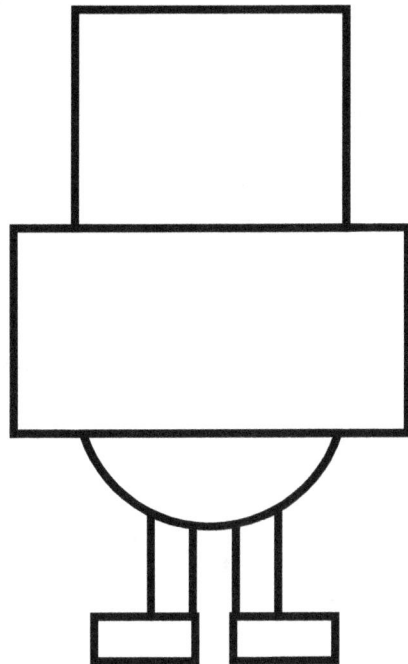

3e étape

4e étape

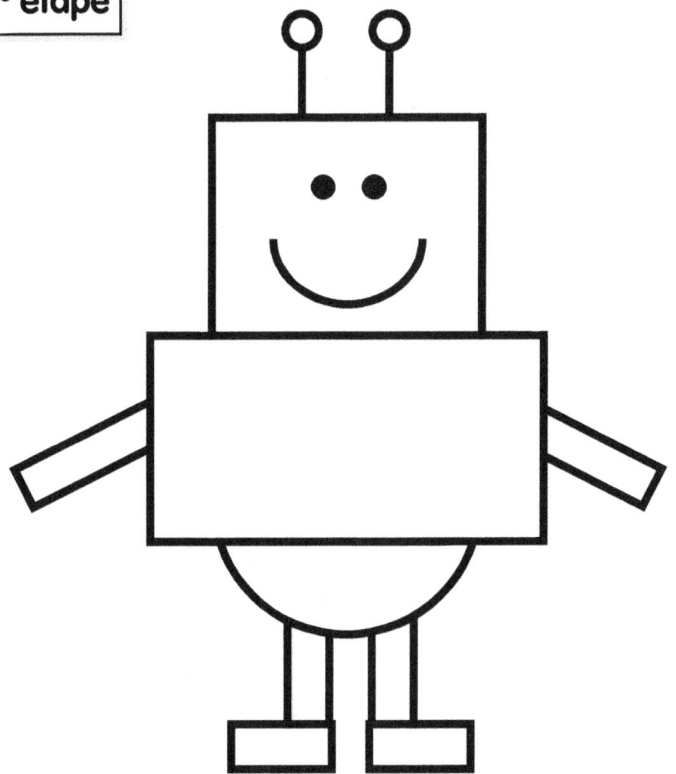

27

Comment dessiner une abeille

1re étape

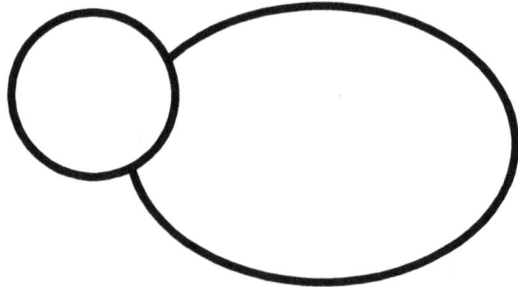

4e étape

2e étape

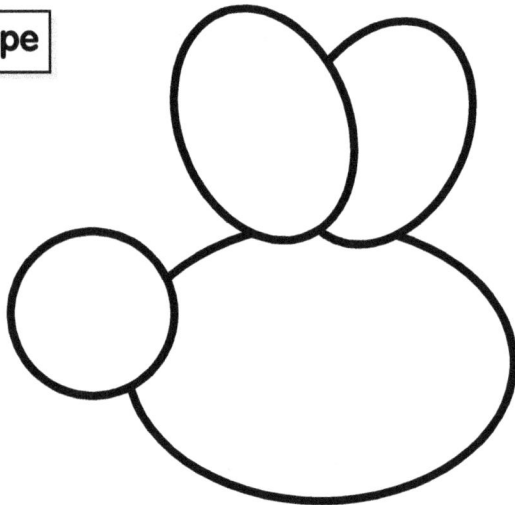

5e étape

3e étape

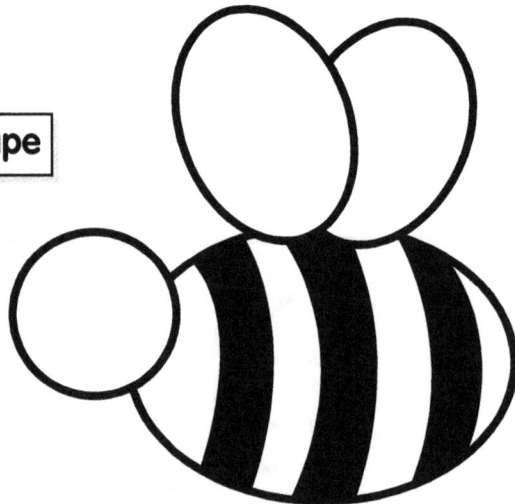

28

Comment dessiner un chien

1re étape

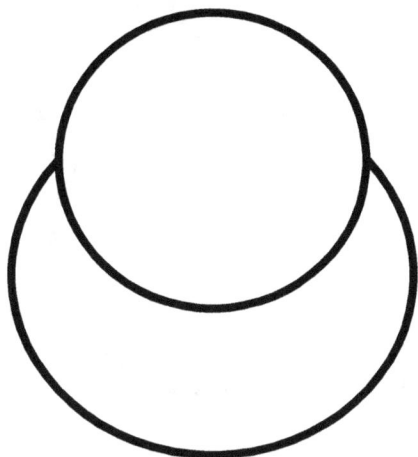

2e étape

3e étape

4e étape

Comment dessiner un chat

1re étape

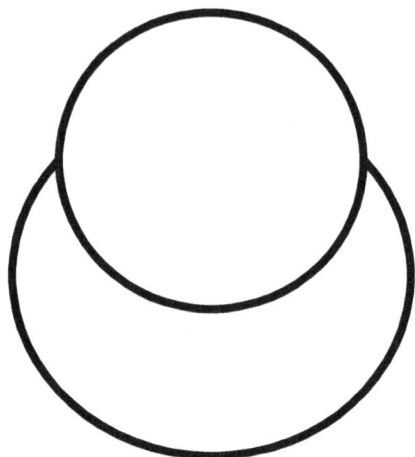

2e étape

3e étape

4e étape

Comment dessiner un poisson

1re étape

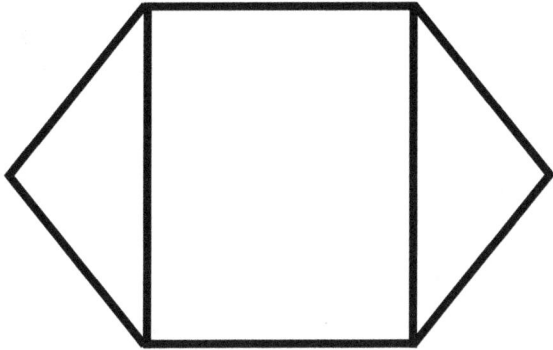

2e étape

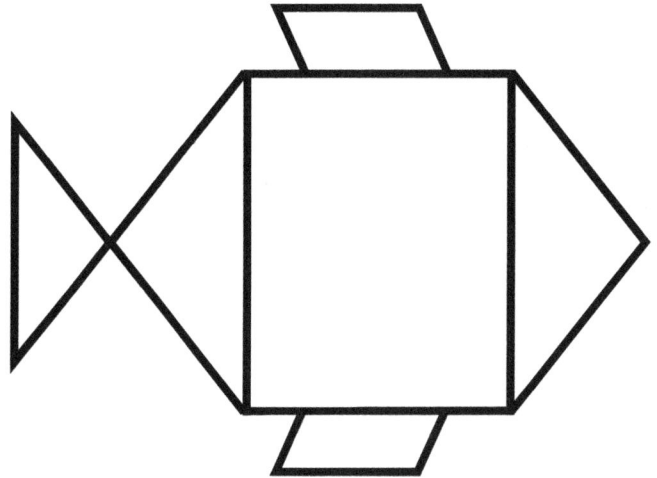

3e étape

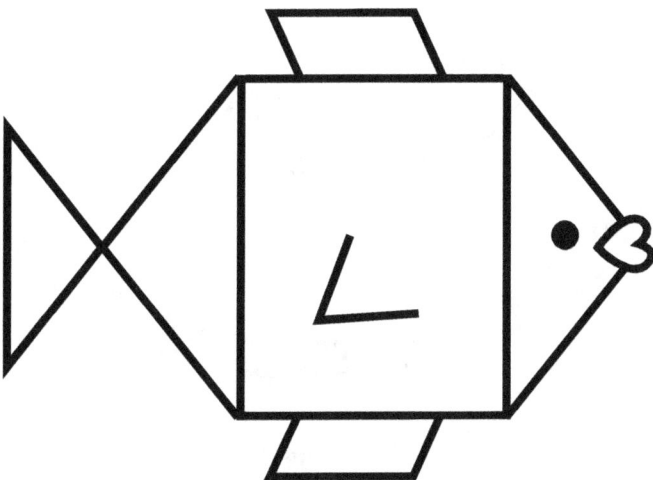

4e étape

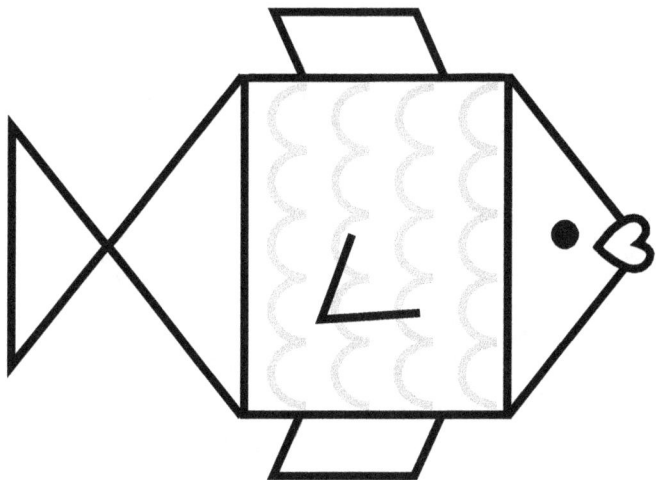

Comment dessiner un vaisseau spatial

1re étape

2e étape

3e étape

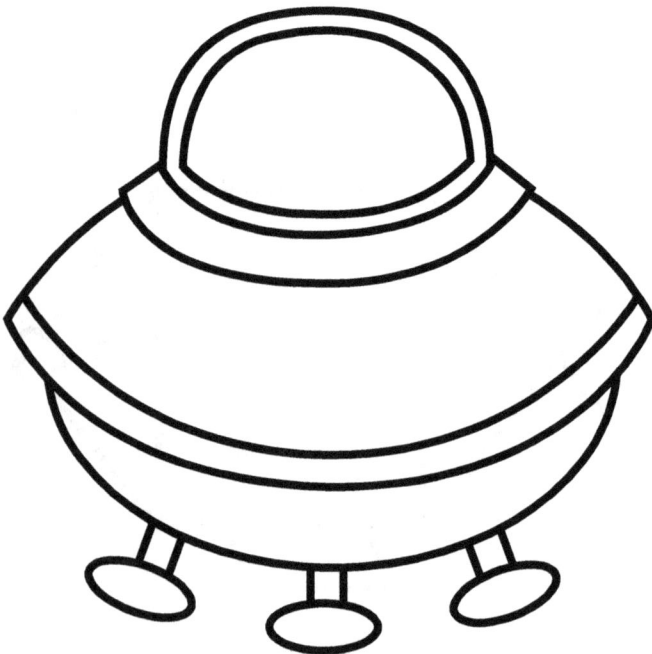

4e étape

Comment dessiner un avion

1re étape

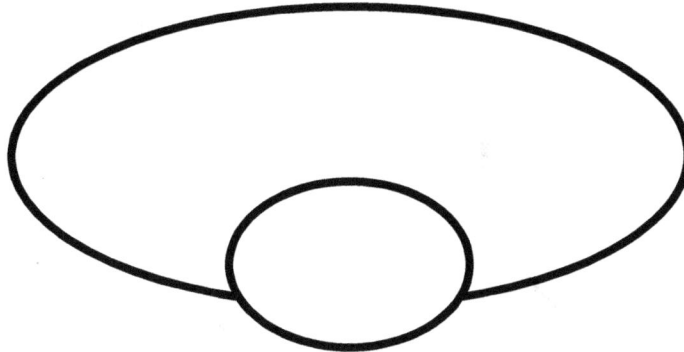

2e étape

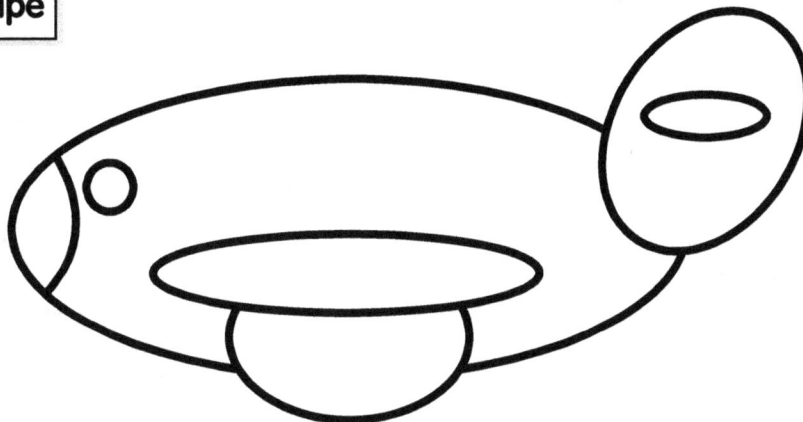

3e étape

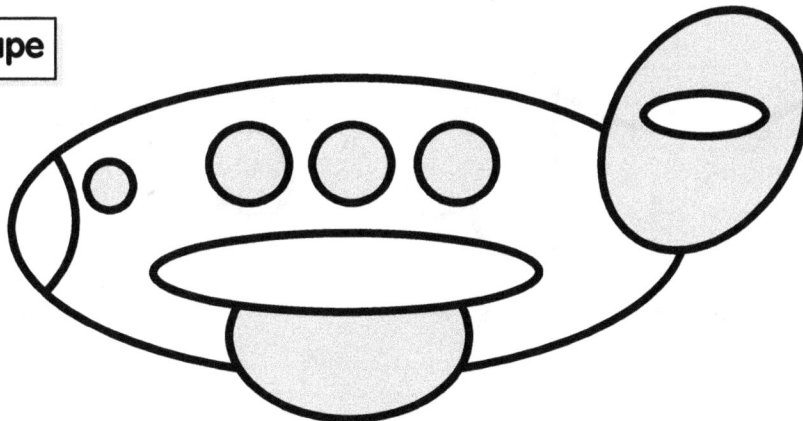

33

Comment dessiner un oiseau

1re étape

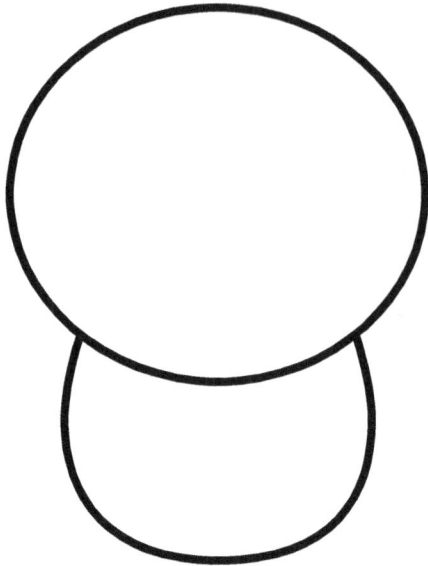

2e étape

3e étape

4e étape

Comment dessiner un bateau

1re étape

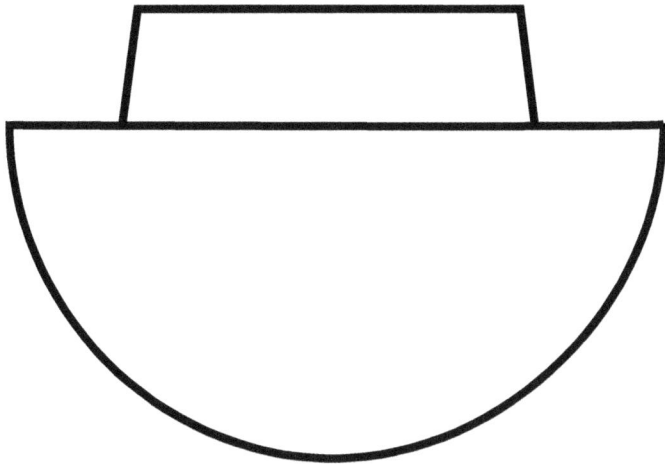

2e étape

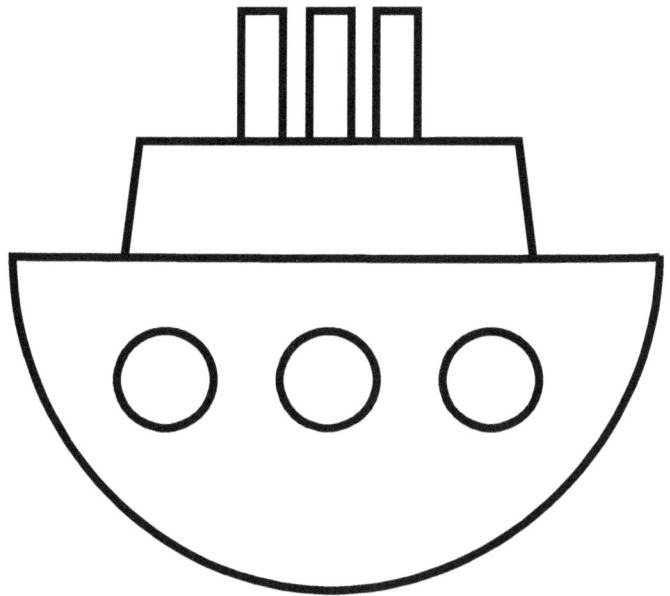

3e étape

4e étape

Modèle de poupée de papier

Tenue pour poupées de papier

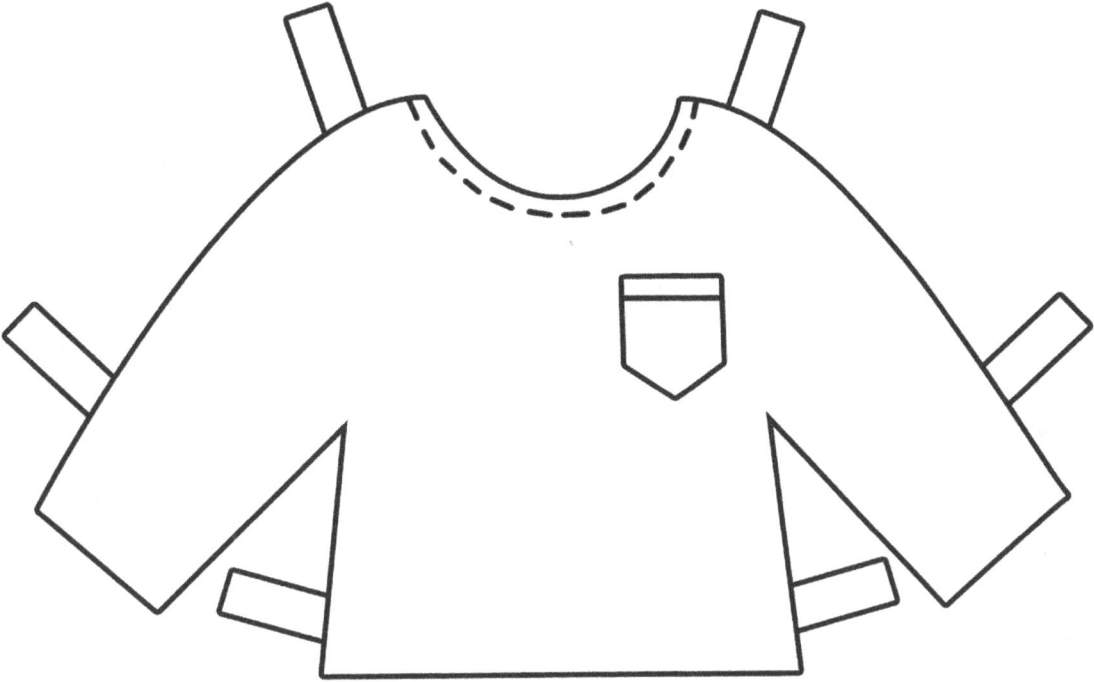

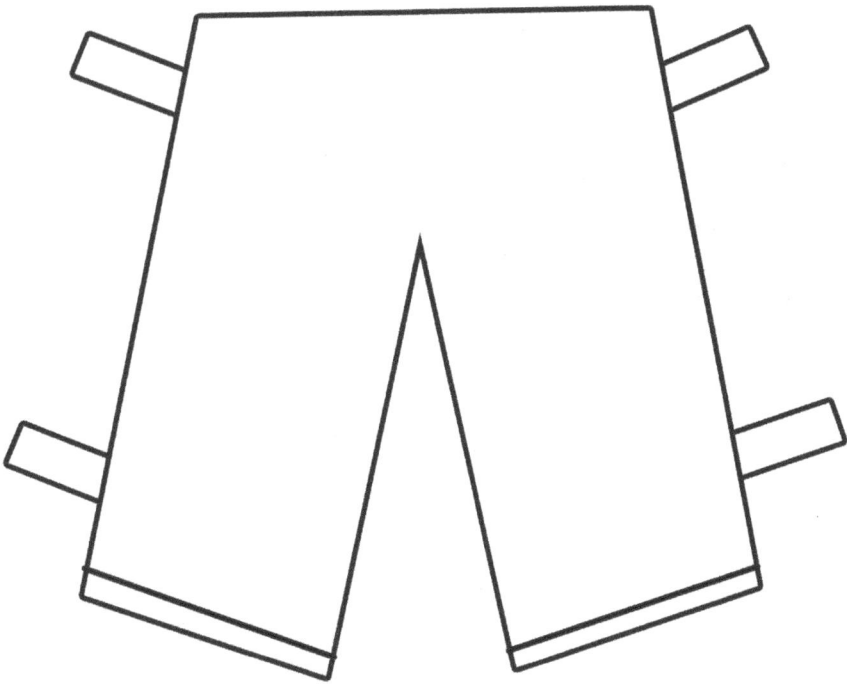

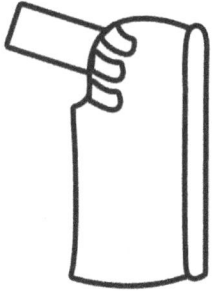

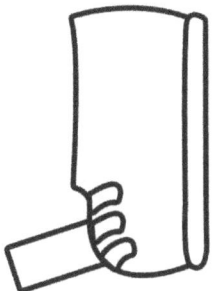

Tenue pour poupées de papier

38

Développement d'un cube

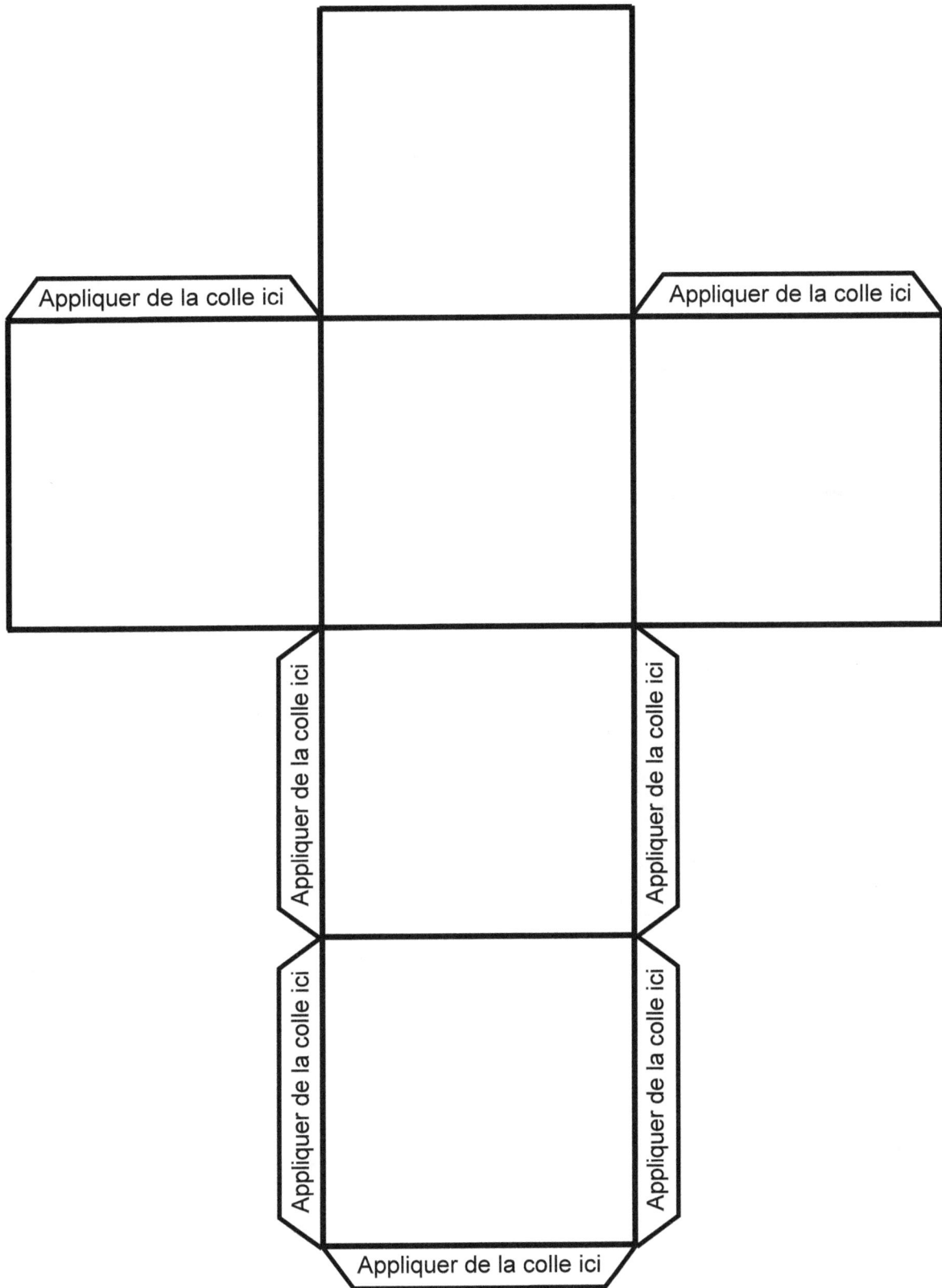

Appliquer de la colle ici

Appliquer de la colle ici

Appliquer de la colle ici

Appliquer de la colle ici

Appliquer de la colle ici

Appliquer de la colle ici

Appliquer de la colle ici

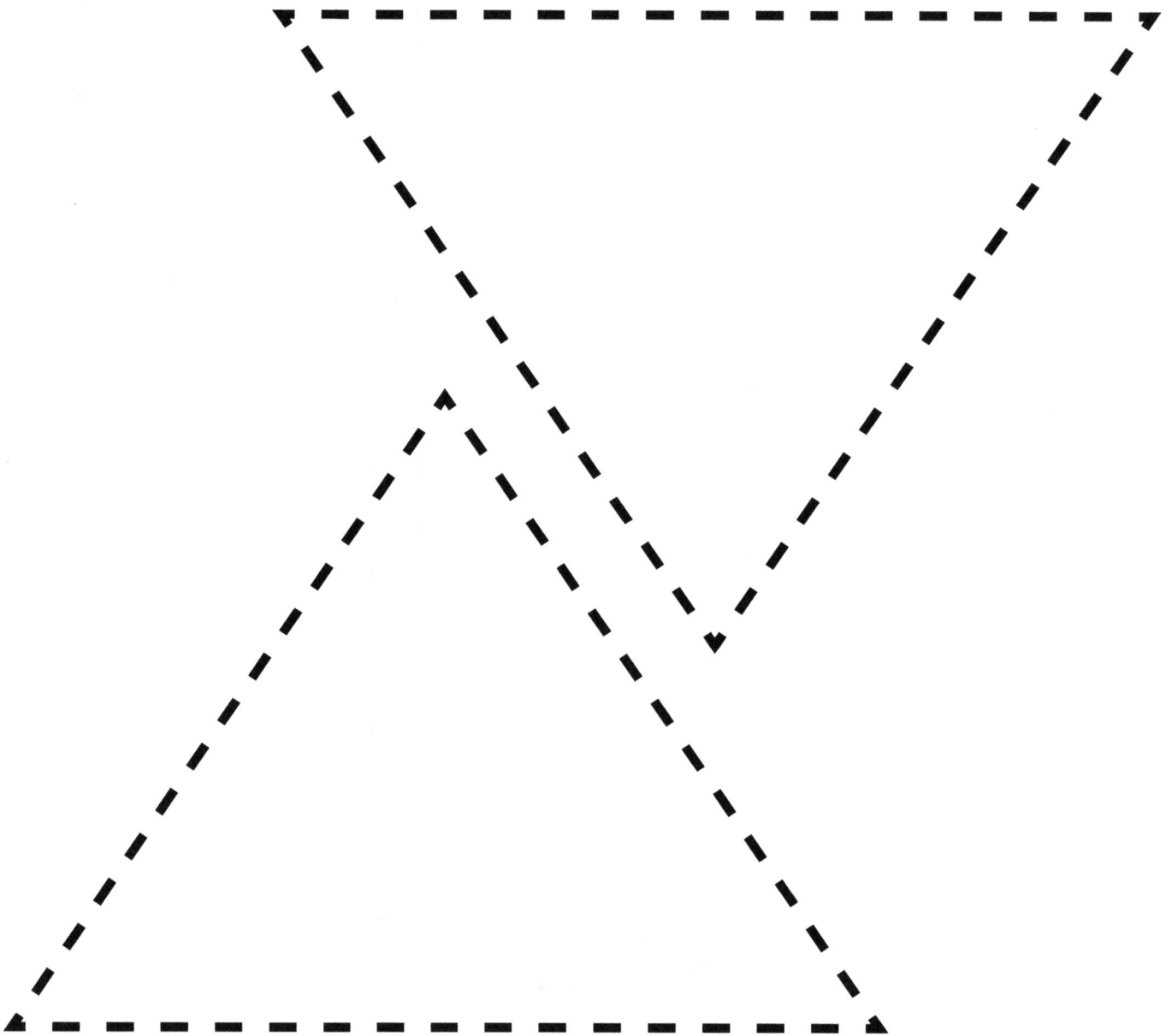

Formes géométriques à découper

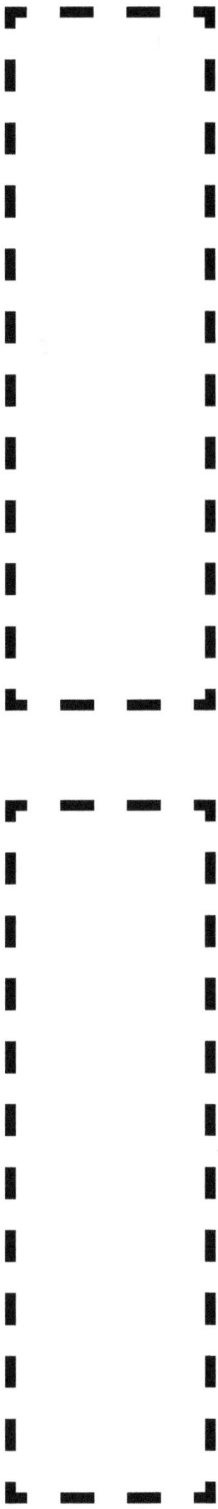

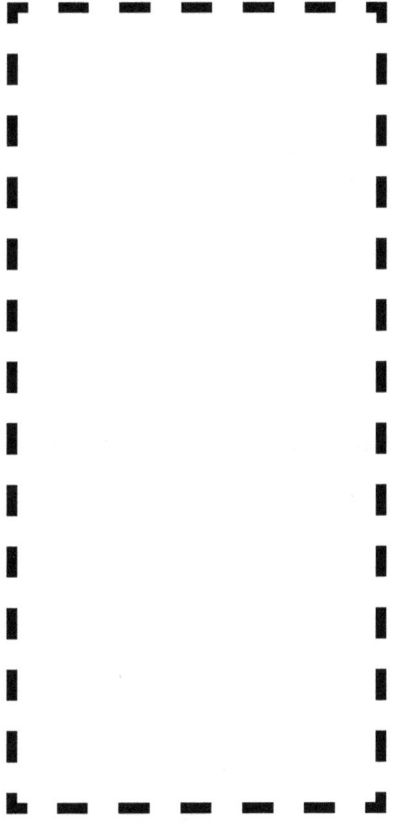

41

Formes géométriques à découper

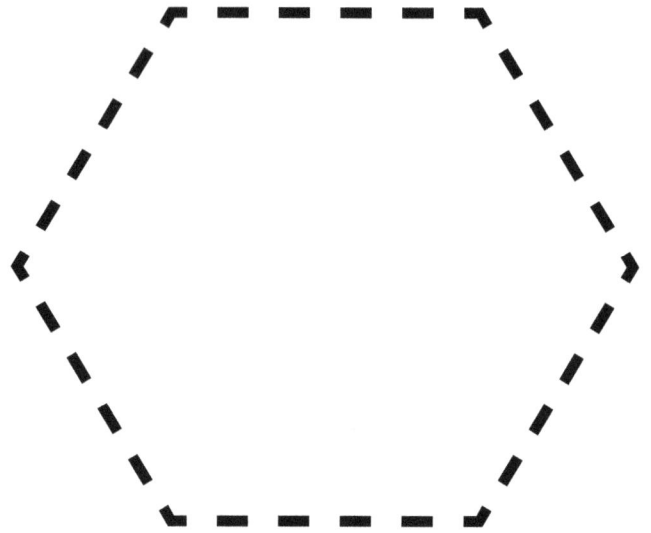

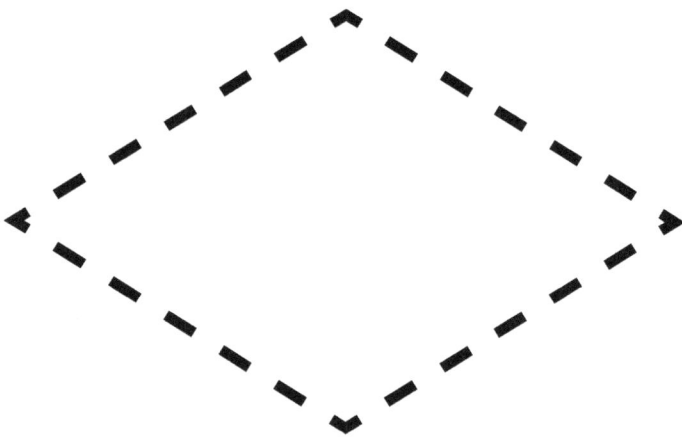

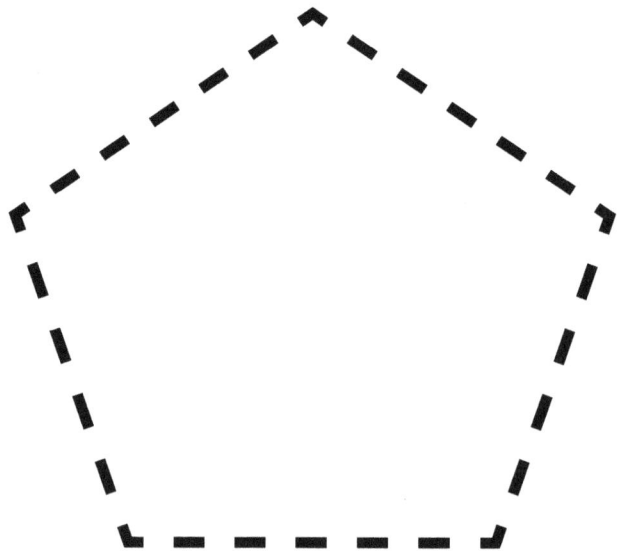

Formes géométriques à découper

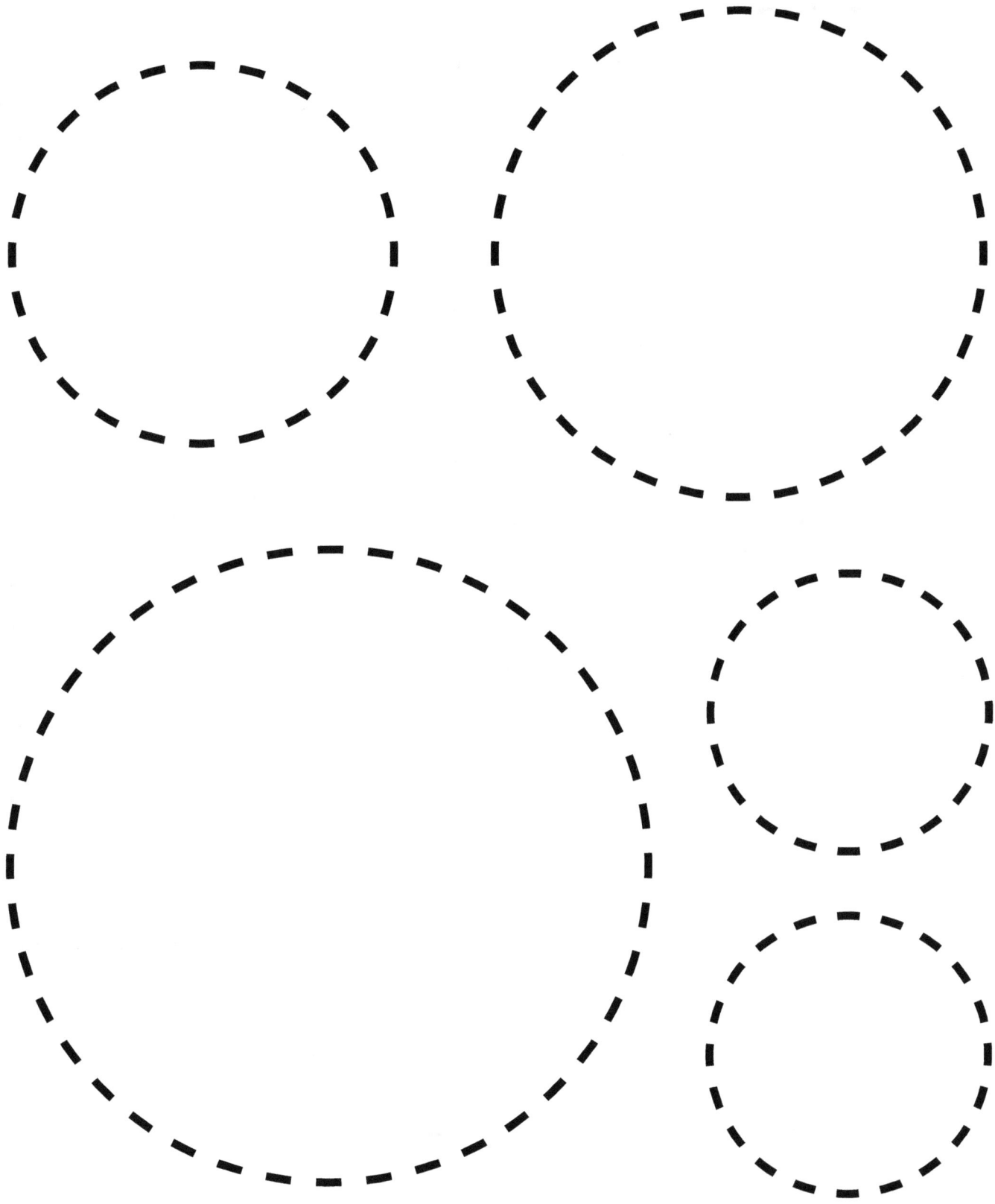

Cœurs à découper

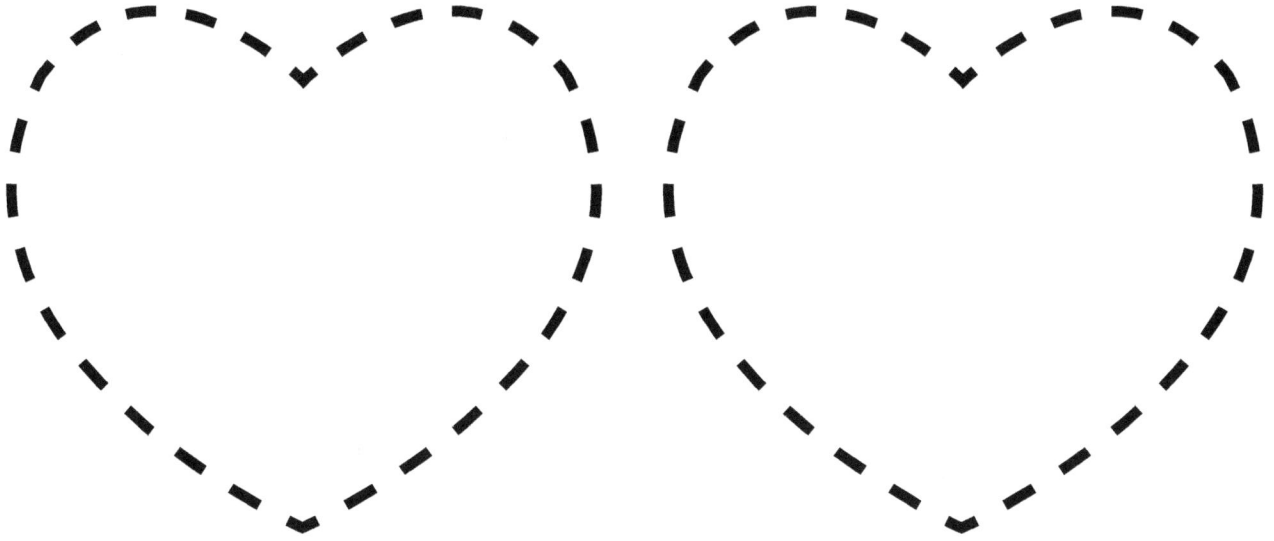

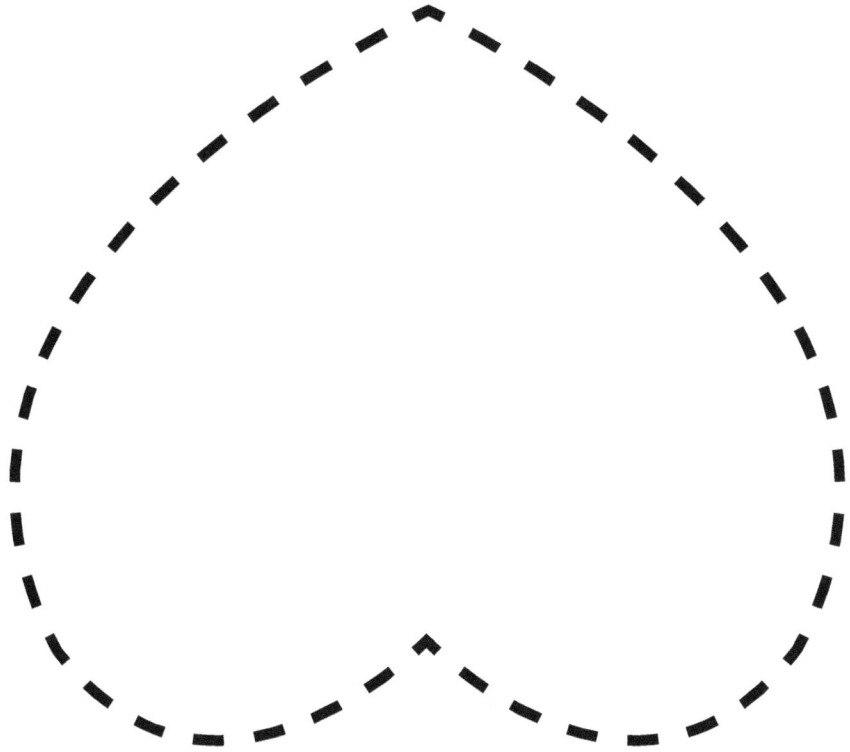

Les formes organiques – Empreintes de mains

Un arbre d'amitié

Ce dont vous avez besoin :

- crayon et gomme à effacer
- matériel de coloriage
- papier de bricolage brun, rouge, orange et jaune

Marche à suivre :

1. Modelez la façon de tracer le contour d'une main. Tracez le contour d'une de vos mains sur du papier de bricolage rouge, orange ou jaune (feuille de l'arbre). Tracez le contour de votre autre main sur le papier brun (tronc de l'arbre).
2. Demandez aux élèves d'inscrire leurs noms sur leurs feuilles, puis de décorer celles-ci.
3. Disposez les mains brunes sur un tableau d'affichage de façon à former un tronc et des branches.
4. Puis invitez les élèves à venir accrocher leurs feuilles à l'arbre.

Un papillon

Ce dont vous avez besoin :

- crayon et gomme à effacer
- gros ovales à découper
- petits ovales à découper
- matériel de coloriage
- colle et ciseaux
- cure-pipes
- papier de bricolage de diverses couleurs
- matériel de décoration

Marche à suivre :

1. Modelez d'abord la façon de tracer le contour des mains sur des feuilles de papier de bricolage de trois couleurs différentes. Ces mains serviront d'ailes pour le papillon.
2. Demandez aux élèves de découper un gros ovale pour le corps et un petit ovale pour la tête, puis de fixer la tête au haut du corps avec de la colle.
3. Montrez aux élèves comment disposer trois ailes de papillon de chaque côté du corps en pointant les doigts vers l'extérieur, puis comment les coller sur le corps.
4. Les élèves peuvent dessiner les yeux et la bouche avec un marqueur, puis fixer deux cure-pipes à la tête en guise d'antennes.
5. Remettez aux élèves le matériel avec lequel ils pourront décorer les ailes du papillon.

47

Éléments clés des arts visuels : La texture

1re activité : Impression de fruits et de légumes

Ce dont vous avez besoin :

- morceaux de divers fruits et légumes
- assiettes de styromousse
- gouache de plusieurs couleurs
- papier

Marche à suivre :

1. Montrez aux élèves comment tremper avec soin les morceaux de fruits et de légumes dans les assiettes de styromousse contenant la peinture.
2. Puis montrez-leur comment créer une impression en posant la surface recouverte de peinture sur une feuille.
3. Rappelez aux élèves qu'ils ne doivent pas traîner les morceaux de fruits et légumes sur la feuille.
4. Encouragez-les à créer divers motifs ou des suites de diverses impressions.
5. Demandez aux élèves quels fruits et légumes ont produit les meilleures impressions, selon eux.

2e activité : L'impression monotype

Ce dont vous avez besoin :

- encre à impression ou gouache à laquelle on aura ajouté de la farine pour l'épaissir
- pinceaux
- feuilles de plexiglas
- papier
- surface de travail couverte de papier journal

Marche à suivre :

1. Expliquez aux élèves que le monotype est un procédé qui donne un exemplaire unique d'un dessin peint sur une plaque.
2. Montrez aux élèves comment se servir d'un pinceau pour peindre une image sur une feuille de plexiglas. Dites-leur qu'ils doivent travailler rapidement pour éviter que la peinture sèche.
3. Ensuite, montrez-leur comment placer une feuille de papier sur le plexiglas et appuyer légèrement dessus avec la paume de la main, de manière que le dessin soit transféré sur le papier.
4. Puis soulevez le papier pour faire admirer votre monotype.

Expérimentation des textures

Encouragez les élèves à créer diverses textures en se servant des suggestions de matériel ci-dessous. Ils voudront peut-être peindre plusieurs feuilles de papier en utilisant divers outils et couleurs, puis découper leurs feuilles pour créer des collages ou remplir des parties d'une image.

Accessoires de peinture hors du commun

- doigts
- bâtonnets de bois
- cubes de bois
- branches
- corde
- plumes

- feuilles d'arbre
- éponges
- mouchoirs de papier
- brosses
- cotons-tiges
- boules d'ouate

- tampons à récurer en plastique
- pellicule de plastique
- pinceaux de maquillage

Excellent matériel de dessin et de peinture

- craies de cire
- crayons
- pastels
- crayons gras
- fusains

- plume à encre
- marqueurs à encre à base d'eau
- peinture acrylique
- produits de maquillage

- gouache
- crayons-feutres
- crayons de couleur
- aquarelles
- colorant alimentaire

Surfaces sur lesquelles dessiner ou peindre

- papier journal
- assiettes de papier
- cubes de bois
- papier de soie
- sacs en papier

- papier sablé
- papier humide
- carton
- tissu
- pellicule de plastique

- essuie-tout
- papier ciré
- papier d'aluminium
- pierres
- styromousse

49

Pour créer des textures différentes

Peinture au sirop de maïs

Créez une peinture étonnante qui donnera une texture intéressante en mélangeant du colorant alimentaire et du sirop de maïs léger. Fabriquez-en de toutes les couleurs nécessaires. Encouragez les élèves à s'en servir pour peindre des paysages ou l'océan. Ils peuvent d'abord tracer les contours avec un marqueur. Laissez les dessins sécher pendant plus d'une journée.

Peinture aux doigts faite de farine et d'eau

Peindre avec les doigts est une excellente façon d'obtenir différentes textures. Mélangez 1 tasse de farine, 1 tasse d'eau et 2 cuillerées à thé de sel dans un petit récipient. Vous obtiendrez une peinture de la consistance d'une sauce épaisse. Ajoutez le colorant alimentaire de votre choix. Répétez ces étapes pour avoir différentes couleurs de peinture.

Peinture brillante

Donnez du brillant à la gouache en y ajoutant de la colle blanche (1 mesure de colle pour 1 mesure de peinture).

Peinture gonflante

Les élèves peuvent créer des œuvres exceptionnelles en se servant de peinture gonflante. Mettez 1 tasse de sel, 1 tasse de sucre et du colorant alimentaire dans un flacon souple. Agitez le flacon, puis pressez-le pour en faire sortir la peinture.

Peinture de sable

La peinture de sable donne une texture intéressante à un dessin. Demandez d'abord aux élèves de tracer les contours d'un dessin simple. Fabriquez la peinture en mélangeant le sable avec de la gouache en poudre (1 mesure de sable pour 5 mesures de poudre). Vous pouvez modifier les mesures pour obtenir la couleur désirée. Appliquez, avec un bâtonnet de bois, une mince couche de colle sur une partie du dessin. Puis, en vous servant d'une cuillère, répandez avec soin la peinture de sable sur la colle. Soulevez et agitez la feuille de papier avec précaution pour en enlever l'excédent de peinture. Laissez le dessin sécher, puis recouvrez-le de fixatif à cheveux.

Technique des réserves

Comme la cire et l'eau ne se mêlent pas, on peut utiliser la technique des réserves pour masquer des parties du dessin afin de préserver le blanc du papier ou la couleur recouverte et de créer des textures attrayantes. Dessinez ou coloriez avec une craie de cire, puis coloriez le dessin au lavis avec une peinture à base d'eau.

Conçois un timbre-poste

Décris ton timbre-poste :

_____

- -

_____

Compose ton propre personnage

NEZ

YEUX

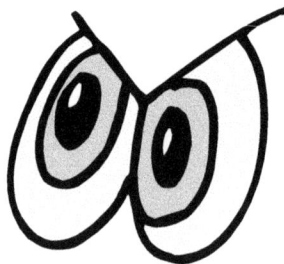
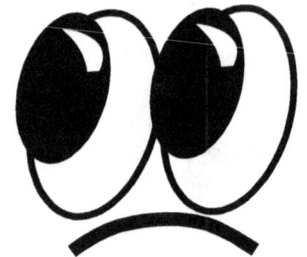

60

Compose ton propre personnage

CHEVEUX

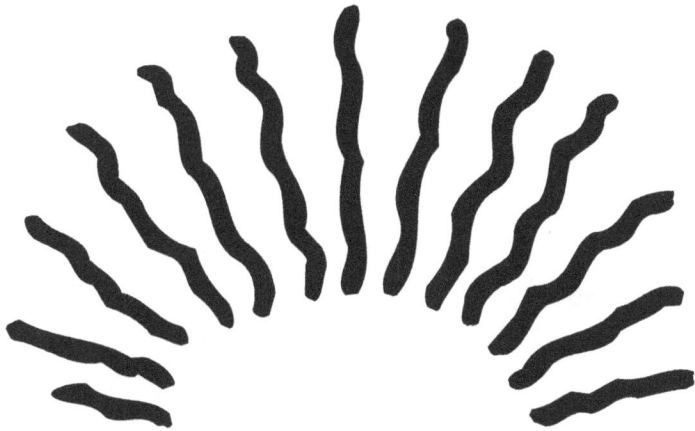

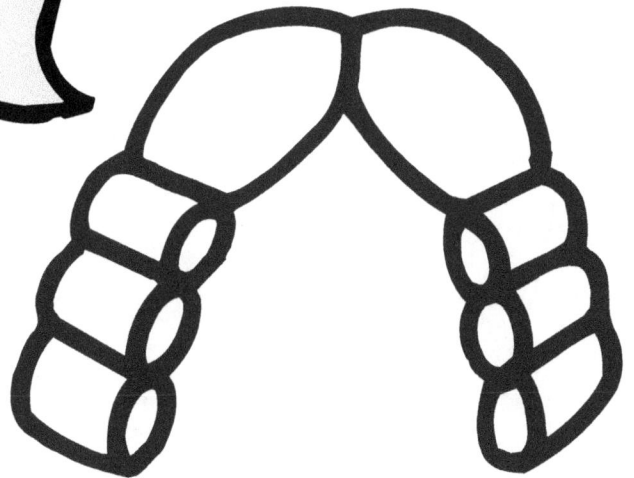

BOUCHE

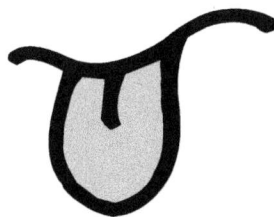

61

Fais le portrait d'un membre de ta famille, d'une amie ou d'un ami, ou encore de ton animal de compagnie.

Dessin dirigé

Encouragez les élèves à considérer l'art comme une expression de leurs idées. L'activité ci-dessous démontre que des élèves recevant les mêmes consignes peuvent produire des œuvres tout à fait différentes les unes des autres. Une fois les œuvres terminées, affichez-les dans la classe. Elles formeront une merveilleuse collection d'art abstrait composé de formes, de couleurs et de lignes.

Ce dont vous avez besoin :

- feuille de papier carrée
- matériel de coloriage

Marche à suivre :

1. Expliquez aux élèves qu'ils vont créer une œuvre d'art en suivant vos consignes. Avant de commencer, demandez aux élèves si, à leur avis, les œuvres définitives seront toutes pareilles.

2. Remettez le même matériel à tous les élèves.

3. Donnez les consignes une à une. Par exemple :

    • Tracez une ligne mince en travers de la page.

    • Tracez une ligne épaisse en travers de la page.

    • Tracez un cercle n'importe où sur la feuille.

    • Tracez un triangle quelque part sur la feuille.

    Ajoutez des consignes de votre choix qui mettent l'accent sur le vocabulaire des arts plastiques. Laissez suffisamment de temps aux élèves pour suivre chaque consigne avant de donner la suivante.

4. Après que vous aurez donné toutes vos consignes, demandez aux élèves de comparer leur œuvre à celle d'une ou d'un camarade et d'en relever les ressemblances et les différences.

5. Affichez les œuvres des élèves.

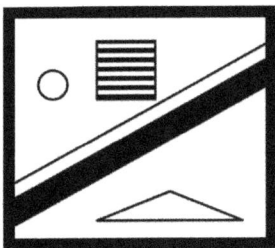 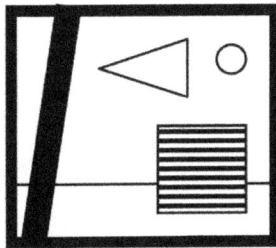 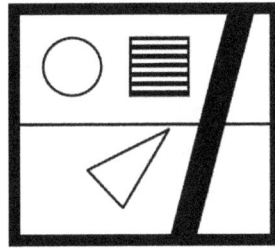 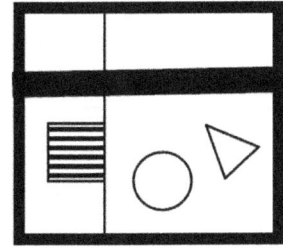

Idées pour albums à dessin et collages

Portrait

- Fais ton propre portrait. Regarde-toi dans le miroir, puis ajoute des détails à ton portrait.
- Fais un portrait te représentant en adulte.
- Fais le portrait d'une amie, d'un ami ou d'un membre de ta famille.
- Fais le portrait de ta peluche préférée.
- Fais le portrait de ton animal de compagnie.
- Fais le portrait de ton personnage de dessin animé préféré.
- Fais le portrait de ton enseignante ou enseignant.
- Fais le portrait de ta famille.
- Fais le portrait d'un grand-parent.

Nature morte

- Dessine un très bel arrangement de fleurs.
- Dessine une plante.
- Dessine un fruit.
- Dessine ton jouet préféré.
- Dessine un bol de fruits.

Conception

- Conçois une nouvelle couverture pour un livre.
- Conçois une invitation à une fête d'anniversaire.
- Conçois une maison.
- Conçois une nouvelle invention.
- Conçois un timbre-poste.
- Conçois une pièce de monnaie.
- Conçois une nouvelle tenue.
- Conçois une voiture.
- Conçois un nouveau drapeau.
- Conçois un château.

Autres

- Dessine une scène se déroulant sur une autre planète.
- Dessine un géant regardant un village d'en haut.
- Dessine une nouvelle créature.
- Dessine un extraterrestre.
- Dessine un avion.
- Dessine un vaisseau spatial.
- Dessine ce que tu vois de la fenêtre de ta chambre.
- Dessine un bateau.
- Dessine le monde à l'époque des dinosaures.
- Dessine un insecte.
- Dessine un bonhomme de neige.
- Dessine un robot.
- Dessine un oiseau.
- Dessine un train.
- Dessine une bicyclette.
- Dessine une carte postale et colorie-la.

Collage

- Images de l'été
- Images de l'automne
- Images de l'hiver
- Images de tes choses préférées
- Tes aliments préférés
- Ta couleur préférée
- Images d'une ville
- Images d'une ferme
- Images d'animaux de compagnie
- Images d'animaux

- Peindre une scène d'automne sur les fenêtres de la classe. Servez-vous d'un mélange de détergent liquide et de peinture, en mesures égales (utilisez de la peinture liquide lavable ou de la gouache en poudre). Encouragez les élèves à y peindre le plus de détails possible.

- Fabriquer des épis de maïs en papier. Demandez aux élèves de découper de longs ovales en forme d'épis dans du papier de bricolage jaune. Ils colleront ensuite sur leurs épis de petits carrés de papier de soie jaune, orange et brun en guise de grains. Quand la colle sera sèche, ils colleront du papier de bricolage brun derrière leurs épis en guise d'enveloppe.

- Créer, avec de la peinture aux doigts orange, des citrouilles par empreintes de pouce. Modelez d'abord la façon de placer son pouce dans la peinture, puis sur le papier. Les élèves peuvent couvrir une feuille de leurs empreintes de pouce. Quand la peinture sera sèche, les élèves pourront ajouter un visage, une tige et des lignes sur leurs citrouilles.

- Créer un collage de feuilles. Demandez aux élèves d'apporter en classe des feuilles de toutes formes et de toutes dimensions, de les disposer sur une feuille de papier, puis de les coller.

- Fabriquer une chauve-souris. Découpez un groupe de trois godets d'une boîte à œufs en carton et montrez aux élèves comment les transformer en une chauve-souris. Découpez avec soin une partie du fond des deux godets des extrémités. Ce seront les ailes de la chauve-souris. Les élèves pourront peindre les godets en noir et y dessiner un visage.

- Composer une image d'un chat noir, d'une sorcière, d'une maison hantée ou d'une chauve-souris en se servant des modèles de formes dans ce cahier. Les élèves pourront peindre les formes au moyen d'une peinture texturée, puis les coller sur du papier de bricolage noir.

- Fabriquer des squelettes avec des pâtes. Mettez à la disposition des élèves des pâtes de diverses formes et du papier de bricolage noir. Les élèves colleront les pâtes sur le papier, une fois qu'ils seront satisfaits de la façon dont ils les y auront disposées.

- Fabriquer des décorations de Noël au moyen de glaise autodurcissante et d'emporte-pièces de Noël. Les élèves pourront utiliser de la peinture, des paillettes ou d'autres matériaux pour embellir leurs décorations.

- Créer du papier d'emballage pour les fêtes. Remettez une grande feuille de papier blanc à chaque élève. Les élèves pourront y appliquer de la peinture aux couleurs de Noël avec des éponges et y coller des paillettes.

- Fabriquer des arbres de Noël à trois dimensions. Modelez d'abord la marche à suivre. Pliez deux feuilles de papier de bricolage rectangulaire en deux. Dessinez la moitié d'un arbre de Noël près de la pliure d'une des feuilles. Placez cette feuille pliée sur la deuxième, puis découpez le contour de votre moitié d'arbre, de façon à obtenir deux arbres identiques et symétriques. Faites une coupure le long du pli, dans le bas du premier arbre, puis dans le haut du deuxième. Joignez les deux arbres en les insérant l'un dans l'autre.

- Créer un épouvantail, une sorcière, un père Noël, un lutin, un ange ou un enfant au moyen du modèle de poupée de papier (p. 36). Les élèves pourront se servir de papier de bricolage pour les vêtements, de laine pour les cheveux, etc.

- Peindre une scène d'hiver sur les fenêtres de la classe. Servez-vous d'un mélange de détergent liquide et de peinture, en mesures égales (utilisez de la peinture liquide lavable ou de la gouache en poudre). Encouragez les élèves à y peindre le plus de détails possible.
- Créer, avec de la gouache, une scène d'hiver qui comprend des arbres et des collines. Collez-y des boules d'ouate en guise de neige.
- Fabriquer des pendentifs de la Saint-Valentin avec de la glaise autodurcissante. Les élèves peuvent donner à la glaise la forme de leur choix ou utiliser des emporte-pièces. Une fois que la glaise sera sèche, ils pourront peindre leurs pendentifs avec de la peinture acrylique.
- Composer des images avec des cœurs découpés. Les élèves découpent d'abord des cœurs de différentes dimensions dans du papier de bricolage rose, violet et rouge. Ils disposent leurs cœurs, de façon à former divers animaux, tels que des souris, des chiens, des chats, des papillons ou des poissons. Mettez d'autres matériaux à leur disposition afin qu'ils puissent ajouter des yeux, un nez, des moustaches, etc.
- Tisser des cœurs de papier. Modelez d'abord la marche à suivre. Pliez en deux une feuille de papier de bricolage rouge ou rose. Avec un crayon, tracez le contour de la moitié d'un cœur sur le pli, puis découpez le contour pour obtenir la forme d'un cœur. Faites de longues coupures dans le cœur, parallèles à la pliure, sans découper le cœur en morceaux. Ensuite, insérez des bandes de papier blanc, rouge et rose dans les coupures.
- Fabriquer des couronnes de cœurs pour la Saint-Valentin. Les élèves découpent d'abord des cœurs de différentes dimensions, puis ils les peignent avec des éponges en se servant de plusieurs teintes de rouge. Une fois que les cœurs sont secs, les élèves les collent sur une longue bande de papier de bricolage rouge. Joignez les extrémités de la bande avec des agrafes. Les élèves peuvent aussi mettre des paillettes sur leurs couronnes.
- Fabriquer de jolis farfadets pour la Saint-Patrick. Modelez d'abord la marche à suivre. Peignez en vert un tube de papier hygiénique. Lorsque la peinture est sèche, tracez le contour d'une extrémité du tube sur du papier vert. Tracez un cercle plus grand autour du premier, puis découpez le grand cercle. Découpez ensuite le petit cercle, de façon à obtenir la forme d'un beigne. Insérez une extrémité du tube dans le beigne pour former le chapeau. Collez un ovale sous le chapeau et dessinez-y un visage. Des bouts de laine formeront la barbe. Ajoutez deux rectangles pour les bras.
- Aller dehors par une journée neigeuse pour créer des sculptures de neige!
- Habiller une poupée de papier pour l'hiver. Les élèves pourront utiliser le modèle à la page 36.
- Fabriquer un bonhomme de neige avec de la pâte à modeler autodurcissante. Les élèves pourront y ajouter des branches pour les bras. Une fois que la pâte sera dure, les élèves pourront peindre et décorer leur bonhomme avec les matériaux de leur choix.

Suggestions d'activités pour le printemps

- Peindre une scène de printemps sur les fenêtres de la classe. Servez-vous d'un mélange de détergent liquide et de peinture, en mesures égales (utilisez de la peinture liquide lavable ou de la gouache en poudre). Encouragez les élèves à y peindre le plus de détails possible.
- Fabriquer de jolis colliers de macaronis pour la fête des Mères. Pour obtenir des macaronis de différentes couleurs, versez deux ou trois cuillerées à table d'alcool à friction dans un sac de plastique, et ajoutez-y quelques gouttes de colorant alimentaire. Agitez le sac. Ajoutez des macaronis de diverses formes. Agitez le sac pour bien recouvrir les pâtes du liquide. Laissez les macaronis sécher sur des essuie-tout. Refaites ces étapes pour obtenir d'autres couleurs. Remettez à chaque élève un bout de laine dont vous aurez entouré une extrémité avec du ruban adhésif et dont vous aurez noué l'autre extrémité de façon à empêcher les macaronis de tomber. Encouragez les élèves à créer une suite avec les pâtes. Une fois les colliers terminés, nouez-en les extrémités.
- Créer un magnifique bouquet de lis. Modelez d'abord la marche à suivre. Tracez le contour de chacune de vos mains sur du papier de bricolage de couleur, puis découpez les mains. Recourbez chaque doigt en l'enroulant autour d'un crayon. Formez un cône avec la paume de la main, les doigts recourbés vers l'extérieur, et joignez les côtés avec du ruban adhésif. Vous avez formé un lis. Fixez le cône à une paille (la tige) avec du ruban adhésif. Les élèves pourront agrafer des feuilles sur la paille. Ils peuvent fabriquer ainsi plusieurs lis pour en faire un bouquet.
- Créer un arc-en-ciel avec des empreintes de main. Les élèves traceront d'abord le contour de leurs mains sur du papier aux couleurs de l'arc-en-ciel (rouge, orange, jaune, vert, bleu et violet), puis découperont les mains. Affichez les mains découpées en formant un arc-en-ciel.
- Créer un lapin de Pâques au moyen des formes à découper de ce cahier. Les élèves utiliseront des ovales pour les oreilles, de petits carrés pour les dents, des cœurs pour les pattes, des cercles qui se chevauchent pour la tête et le corps, et une boule d'ouate pour la queue. Ils peuvent coller leur lapin sur une feuille de papier de bricolage, puis utiliser du papier déchiré pour ajouter de l'herbe, un soleil et d'autres détails.
- Décorer des œufs de Pâques en papier. Les élèves découperont des formes d'œufs dans du papier de bricolage, puis traceront des lignes sur les formes avec des marqueurs à base d'eau. S'ils veulent donner du relief à leurs lignes, ils peuvent les couvrir de colle blanche (une fois sèche, la colle sera transparente).
- Créer de magnifiques vitraux représentant des insectes et des fleurs, au moyen de papier de bricolage noir et de papier de soie. Les élèves découperont les formes appropriées dans le papier de bricolage en s'assurant d'y laisser un « cadre ». Puis ils y colleront avec soin des morceaux de papier de soie de différentes couleurs afin de lui donner l'apparence d'un vitrail.
- Fabriquer une chenille avec six godets d'une boîte à œufs. Les élèves peindront les godets en vert, puis y ajouteront des décorations. Ils peuvent dessiner des yeux et une bouche sur l'un des godets, et ajouter des antennes de papier.
- Fabriquer des oiseaux hauts en couleur avec des sacs en papier. Demandez aux élèves de découper des plumes de différentes formes et dimensions dans du papier de bricolage. Puis montrez-leur comment les disposer et les coller tout autour du sac, en commençant à l'arrière. Encouragez-les à créer une suite de couleurs. Ils pourront ensuite ajouter des ailes de forme triangulaire recouvertes de plumes, des yeux et un bec.
- Créer une affiche pour le jour de la Terre.
- Vêtir une poupée de papier d'un imperméable, de bottes de caoutchouc et d'un chapeau. Les élèves pourront utiliser le modèle à la page 36.

Suggestions d'activités pour l'été

- Peindre une scène d'été sur les fenêtres de la classe. Servez-vous d'un mélange de détergent liquide et de peinture, en mesures égales (utilisez de la peinture liquide lavable ou de la gouache en poudre). Encouragez les élèves à y peindre le plus de détails possible.

- Fabriquer des cerfs-volants miniatures. Servez-vous de pailles ou de bâtonnets de bois pour construire le cadre, puis recouvrez celui-ci de papier de soie. Attachez une ficelle au cerf-volant.

- Créer de belles fleurs en papier de soie. Modelez d'abord la marche à suivre. Empilez quatre à six feuilles rectangulaires de papier de soie et pliez-les en accordéon. Enserrez le centre avec un lien torsadé. Tirez avec précaution chaque feuille de papier vers le haut et le centre de la fleur, afin de séparer les feuilles et de former les pétales. Servez-vous d'un cure-pipe ou d'une bande de carton bristol vert pour la tige.

- Célébrer la fête du Canada en concevant un nouveau timbre ou en créant un diorama composé d'éléments représentant le Canada.

- Transformer une pierre en un presse-papiers pour la fête des Pères. Invitez les élèves à apporter des pierres en classe, puis à les décorer avec de la peinture acrylique.

- Fabriquer des poissons hauts en couleur avec des sacs en papier. Pour les écailles, demandez aux élèves de découper des cœurs de différentes dimensions et couleurs dans du papier de bricolage. Puis montrez-leur comment disposer les écailles et les coller tout autour du sac. Encouragez-les à créer une suite de couleurs. Ils pourront ensuite ajouter des nageoires de forme triangulaire, une queue en forme de cœur, et des yeux découpés dans du papier de bricolage.

- Construire un château de sable avec du sable-argile. Une fois le château fini, les élèves pourront, avec précaution, recouvrir l'argile de sable sec.

- Créer un diorama d'un jardin ou d'une scène à la plage.

- Concevoir, avec divers matériaux, une affiche du meilleur lieu de villégiature au monde. Avant de faire leur affiche, les élèves devraient consulter des magazines montrant des lieux de villégiature qu'ils aimeraient visiter.

- Fabriquer des fleurs avec des empreintes de main et des formes découpées. Les élèves traceront le contour de leurs mains sur du papier, puis découperont les mains. Ils y ajouteront des formes découpées (voir les formes à découper de ce cahier) en guise de tige et de feuilles. Ils colleront ensuite toutes les formes sur une feuille de papier de bricolage, puis peindront chacune avec une peinture texturée.

- Habiller une poupée de papier d'une tenue appropriée pour la plage.

- Créer de jolis tournesols au moyen de formes découpées. Utilisez de longs ovales pour les pétales, un cercle pour le centre de la fleur, et des rectangles étroits pour la tige. Les élèves peuvent soit utiliser du papier de bricolage ou peindre les formes. Ils devront disposer et coller les formes sur une feuille de papier. S'ils le désirent, ils peuvent aussi coller des graines dans le centre de la fleur.

- Dessiner et colorier une scène de son événement préféré dans l'année scolaire.

Les saisons à colorier : L'automne

1. Colorie ces images d'activités automnales, puis découpe-les.

2. Sur une autre feuille, dessine un paysage d'automne comprenant des arbres aux feuilles colorées. Colle tes images sur ce dessin.

1. Colorie ces images d'activités hivernales, puis découpe-les.
2. Sur une autre feuille, dessine un paysage d'hiver comprenant des arbres et des pentes enneigées. Colle tes images sur ce dessin.

1. Colorie ces images d'activités printanières, puis découpe-les.
2. Sur une autre feuille, dessine un paysage de printemps comprenant un jardin avec des fleurs printanières. Colle tes images sur ce dessin.

1. Colorie ces images d'activités estivales, puis découpe-les.
2. Sur une autre feuille, dessine un paysage d'été comprenant une plage et de l'eau.
   Colle tes images sur ce dessin.

COMPRÉHENSION DES CONCEPTS

NIVEAU	DESCRIPTEURS
4	L'élève démontre une excellente compréhension de tous ou de presque tous les concepts et donne toujours des explications complètes et justes, de manière autonome. Elle ou il n'a pas besoin de l'aide de l'enseignante ou enseignant.
3	L'élève démontre une bonne compréhension de la plupart des concepts et donne généralement des explications complètes ou presque complètes. Elle ou il a rarement besoin de l'aide de l'enseignante ou enseignant.
2	L'élève démontre une compréhension satisfaisante de la plupart des concepts et donne parfois des explications justes, mais incomplètes. Elle ou il a parfois besoin de l'aide de l'enseignante ou enseignant.
1	L'élève démontre une piètre compréhension des concepts et donne rarement des explications complètes. Elle ou il a constamment besoin de l'aide de l'enseignante ou enseignant.

CAPACITÉS DE COMMUNICATION

NIVEAU	DESCRIPTEURS
4	L'élève emploie presque toujours la terminologie du sujet à l'étude avec clarté et précision pendant les discussions.
3	L'élève emploie souvent la terminologie du sujet à l'étude avec clarté et précision pendant les discussions.
2	L'élève emploie parfois la terminologie du sujet à l'étude avec clarté et précision pendant les discussions.
1	L'élève emploie rarement la terminologie du sujet à l'étude avec clarté et précision pendant les discussions.

Grilles d'évaluation - Éducation artistique

CRÉATIVITÉ

NIVEAU	DESCRIPTEURS
4	L'élève met en application presque tous les concepts, habiletés et techniques enseignés.
3	L'élève met en application une grande partie des concepts, habiletés et techniques enseignés.
2	L'élève met en application plus de la moitié des concepts, habiletés et techniques enseignés.
1	L'élève met en application moins de la moitié des concepts, habiletés et techniques enseignés.

PARTICIPATION

NIVEAU	DESCRIPTEURS
4	L'élève contribue toujours aux discussions et aux activités en exprimant des idées et en posant des questions.
3	L'élève contribue généralement aux discussions et aux activités en exprimant des idées et en posant des questions.
2	L'élève contribue parfois aux discussions et aux activités en exprimant des idées et en posant des questions.
1	L'élève contribue rarement aux discussions et aux activités en exprimant des idées et en posant des questions.

Grille d'évaluation de la classe

Nom de l'élève	Compréhension des concepts	Capacités de communication	Créativité	Participation	Évaluation globale

Collection McMichael d'art canadien

http://www.mcmichael.com/francais/

On trouve dans cette galerie d'art de grande renommée une collection permanente de plus de 6000 œuvres d'art, comprenant des œuvres de Tom Thomson, du groupe des Sept et de leurs contemporains, d'artistes inuits et des Premières Nations, et d'autres artistes qui ont contribué au patrimoine artistique du Canada. Enseignants et élèves peuvent voir des œuvres de la collection en ligne (sur le site anglais seulement).

Musée des beaux-arts du Canada

http://www.beaux-arts.ca/fr/index.php

Cliquez sur « Apprendre » pour voir des expositions en ligne et avoir accès à un contenu interactif pour enfants et jeunes. Des plans de cours à thèmes sont aussi offerts dans cette partie du site. Chaque plan de cours propose des activités pour diverses années d'études.

Musée du Louvre

http://www.louvre.fr/

Un site où voir les œuvres d'art les plus célèbres

Glossaire des arts plastiques

Allégorie : l'emploi de figures symboliques pour représenter des concepts abstraits tels que l'honneur et le sacrifice

Arrière-plan : partie d'un dessin qui semble la plus éloignée de l'observatrice ou observateur

Art abstrait : forme d'art où on utilise des lignes, des formes, des couleurs et des textures pour représenter un objet réel d'une manière imaginaire

Art contemporain : art créé par des artistes de notre temps

Avant-plan : partie d'un dessin qui semble la plus proche de l'observatrice ou observateur et dont les éléments semblent placés devant les autres. L'avant-plan se trouve souvent au bas d'un dessin.

Bande dessinée : forme d'art graphique dans laquelle on utilise des images et des mots pour raconter une histoire. L'attention se porte principalement sur les images, qui sont habituellement présentées en rangée.

Centre d'intérêt : partie d'une œuvre d'art qui attire le regard

Cercle des couleurs (ou cercle chromatique) : outil qui permet de créer et d'organiser les couleurs, et qui représente les rapports entre elles

Clarté : caractéristique d'une couleur exprimant la quantité de lumière qu'elle reçoit. Plus on y ajoute du noir, plus la lumière est faible.

Collage : création d'une image en collant, sur une surface plane, divers éléments tels que des morceaux de papier, des photos, des images découpées dans des magazines, ou des objets trouvés

Composition : organisation des éléments clés dans une œuvre d'art

Contraste : principe esthétique selon lequel des couleurs pâles sont utilisées à côté de couleurs foncées

Couleur : élément clé des arts visuels. Les yeux perçoivent la couleur quand la lumière se réverbère sur un objet. Les quatre caractéristiques de la couleur sont la teinte, la saturation, la valeur et la température.

Couleurs analogues : deux ou plusieurs couleurs voisines dans le cercle chromatique (p. ex. rouge, rouge orangé et orange)

Couleurs chaudes : couleurs utilisées pour faire ressortir des éléments d'un dessin, les mettre à l'avant-plan. Le rouge, le jaune et l'orange sont des couleurs chaudes. Elles suggèrent de la chaleur dans les lieux, les choses et les sentiments.

Glossaire des arts plastiques

Couleurs complémentaires : couleurs opposées dans le cercle chromatique (p. ex. jaune et violet)

Couleurs froides : couleurs, comme le vert, le bleu et le violet, qui semblent se retirer en arrière-plan ou au loin. Elles suggèrent de la froideur dans les lieux, les choses et les sentiments.

Couleurs primaires : couleurs de base (rouge, bleu et jaune) desquelles on peut obtenir toutes les autres couleurs

Couleurs secondaires : couleurs produites par le mélange, en quantités égales, de deux couleurs primaires : le bleu et le rouge produisent le violet, le jaune et le rouge produisent l'orange, et le bleu et le jaune produisent le vert

Couleurs tertiaires : couleurs produites par le mélange de couleurs primaires avec des couleurs secondaires

Croquis : esquisse rapide utilisée en guise de point de référence ou de plan pour une œuvre d'art

Dessin de contours : dessin qui met l'accent sur la limite extérieure des objets. Dans le dessin de contours fait « à l'aveuglette », l'artiste trace lentement le contour d'un objet sans regarder le papier.

Deuxième plan : partie d'un dessin qui semble se trouver au centre

Éléments clés des arts visuels : la couleur, la ligne, la texture, l'espace et la forme

Équilibre : principe esthétique selon lequel les éléments visuels d'une œuvre d'art sont disposés de manière harmonieuse et proportionnelle

Espace : élément clé des arts visuels. Notre monde en trois dimensions. Peut être représenté dans des œuvres en deux dimensions, comme une peinture.

Forme organique : forme libre ou non géométrique

Forme : élément clé des arts visuels qui décrit la limite extérieure ou les contours d'une image et qu'on crée au moyen de lignes, de couleurs et de textures. Les formes peuvent être géométriques ou organiques.

Lavis : teinture d'un dessin avec de la peinture à laquelle on a ajouté de l'eau jusqu'à ce qu'elle soit suffisamment claire pour qu'on puisse voir à travers

Ligne d'horizon : ligne horizontale où l'eau ou la terre semblent faire place au ciel

Ligne : élément clé des arts visuels. On l'utilise pour préciser la forme et les contours. Différentes lignes peuvent suggérer divers mouvements, ambiances et idées.

Lignes de contour : lignes qui précisent les bords ou les contours d'une forme

Glossaire des arts plastiques

Logo : symbole visuel qui identifie une entreprise, un club, une personne ou un groupe

Monochrome : fait à partir de différentes teintes d'une même couleur

Nature morte : œuvre d'art qui représente un ensemble d'objets inanimés

Ombre portée : ombre projetée sur une surface lorsqu'un objet bloque la lumière

Perspective : art de représenter un monde à trois dimensions (ce que nous voyons) sur une surface à deux dimensions (une feuille de papier ou une toile), de sorte que la représentation ait l'air réaliste. La perspective donne une impression d'espace et de profondeur sur une surface plane.

Point de fuite : dans la perspective linéaire, point à l'horizon où des lignes parallèles dans la réalité semblent converger

Pointillisme : procédé, attribué généralement à Georges Seurat, où l'on peint par petits points très rapprochés les uns des autres. D'une certaine distance, les points semblent disparaître, et les couleurs se mélanger.

Raccourci : procédé par lequel on réduit les dimensions de certains objets pour donner l'impression qu'ils sont en arrière-plan

Sgraffite : procédé selon lequel on crée une image en grattant la couche supérieure de peinture pour laisser voir les couleurs qu'elle recouvre

Suite : lignes, couleurs ou formes répétées d'une manière planifiée

Sujet : ce qui est représenté dans une œuvre d'art

Symétrie : correspondance exacte de parties d'objets placées de chaque côté d'une ligne de symétrie

Technique mixte : œuvre d'art pour laquelle on a utilisé plus d'une technique

Teinte : autre terme qu'on utilise pour parler de la couleur

Texture : élément clé des arts visuels qui décrit la constitution de la surface d'un objet

Valeur : caractère pâle ou foncé d'une couleur

SUPER ARTISTE

_____

Continue tes efforts!

TU ES UNE VEDETTE DES BEAUX-ARTS!

_____

EXCELLENT TRAVAIL!